J. Vierheilig · W. Lanwer-Koppelin

Martin Buber – Anachronismus oder Neue Chance für die Pädagogik?

Mit Beiträgen von Martin Buber und Eugen Rosenstock-Huessy

Reflexe Reflexe
Pädagogischer Studien I

Hg. Peter Rödler

AFRA VERLAG

Die Deutsche Bibliothek – CIP – Einheitsaufnahme

Martin Buber: Anachronismus oder neue Chance für die Pädagogik?/
Jutta Vierheilig; Willehad Lanwer-Koppelin. Mit
Beitr. von Martin Buber und Eugen Rosenstock-Huessy. –
Butzbach-Griedel: AFRA-Verl., 1996
(Reflexe pädagogischer Studien; 1)
ISBN 3-923217-85-4
NE: Vierheilig, Jutta; GT

1. Auflage 1996
Zeichnung „Turm zu Babel": Mathias Erbe
Einbandgestaltung: Ralf Oertner

ISBN 3-923217-85-4

INHALT

Peter Rödler

I MARTIN BUBER: ANACHRONISMUS ODER NEUE CHANCE FÜR DIE PÄDAGOGIK ?

Der Mensch wird zu dem Ich, dessen Du wir ihm sind!
(GEORG FEUSER)(1)

Das Vorhaben, eine neue Buchreihe mit Martin BUBER zu eröffnen, zudem mit dem Hinweis verbunden, es ergäbe sich hier evtl. eine '*neue*' Chance für die Pädagogik, bedarf der Begründung. Ist das bekannte Buber-Zitat, "*der Mensch wird am Du zum Ich*" nicht anerkannt, in aller Munde? Und haben sich nicht - zeitgleich mit dem Ersterscheinen des in diesem Band neu aufgelegten Textes von VIERHEILIG - auf der 24. Arbeitstagung der Dozenten für Sonderpädagogik in deutschsprachigen Länder 1987 in Frankfurt 41 Referenten eben dem Thema des '*Dialogischen in der Heilpädagogik*' gewidmet?

Andererseits, genügt für eine dialogische Pädagogik alleine die Haltung? Wird man den Gedanken BUBERs gerecht, wenn das Einklagen der Bedeutung des Ich-Du Verhältnisses - wie jüngst in einer Dissertation geschehen(2) - als eine der Subjektivität des anderen Menschen gegenüber offene Haltung eine, am Be-Handeln des Anderen orientierte, Ich-Es Haltung entgegengehalten wird, ohne auf die spezifische Interdependenz beider Verhältnisse zur Welt, wie sie BUBER erarbeitet, einzugehen? Und verweist nicht FEUSERs radikalisierte Variante des 'der Mensch wird am Du zum Ich' (s.o.) auf eine verbindliche Verbundenheit im Kern von BUBERs Theorie, die diese dem heute so modischen Blick allein auf die Autopoiese(3) und damit die - scheinbar - völlige Selbstbezogenheit der einzelnen Menschen wie auch der sozialen Systeme diametral entgegensetzt? Bubers Theorie als Hilfe gegen eine "*wild gewordene Systemtheorie*" (HABERMAS 1974, S. 65)?

All diese Fragen zeigen die Gedanken BUBERs in keiner Weise als anachronistisch, sondern im Gegenteil geradezu auf der Höhe der Zeit, und wert, in

---

(1) z.B.: FEUSER: Entwicklungspsychologische Grundlagen und Abweichungen in der Entwicklung. Zeitschrift für Heilpädagogik, 7/91, S. 440.

(2) Die hier nicht genannt wird, da eine differenzierte Kritik der Arbeit in diesem Rahmen nicht möglich ist.

(3) *Autopoiese*: Selbsterzeugung. Zentraler Begriff der Systemtheorie, der die spezifische selbstreferente Organisation alles Lebendigen beschreibt und als prinzipiell autonom kennzeichnet (vgl. MATURANA 1985, S. 158 ff).

ihrer differenzierten Dialektik erneut erarbeitet zu werden.

Eben diese Dialektik verhindert dabei, indem sie dem Ich-Du-Verhältnis (als Bezogenheit) das Ich-Es-Verhältnis als notwendig (Urdistanzierung) voraussetzt, daß *diese* dialogische Pädagogik in eine mystifizierende 'Bauch an Bauch Pädagogik' aus 'reinen' Ich-Du-Beziehungen jenseits gemeinsamer Gegenstände(4) abgleitet. So gilt bei BUBER auch im Moment der Umfassung, des Einswerdens mit dem Du: "*Nicht als ob nichts andres wäre als er: aber alles andre lebt in* ***seinem*** *Licht*" (BUBER 1923 in 1984, S. 38), wobei dieser Funke des Verstehens schon im nächsten Moment seinem Bild, des Verstandenen (Ich-Es), weichen muß. Es ist dies die "*erhabene Schwermut unseres Loses, daß jedes Du in unserer Welt zum Es werden muß*" (ebd. S. 20).

Das Insistieren auf diesem nicht auflösbaren - wenn auch mehr oder weniger sozial aufhebbaren - schicksalhaften Bruch macht die große fortdauernde Bedeutung der Theorie BUBERs aus. BUBER überwindet hiermit nicht nur die utilitaristisch-positivistische Logik eines platten Pragmatismus, der alleine im Ich-Es Bereich operiert, sowie die These einer rein selbstreferenten Existenz im Sinne eines überzogenen Autopoiese-Paradigmas, sondern auch die harmonisierende Einfachheit des Ganzheitsappells. Mit seiner Anthropologie, die den Menschen mit dem Gesamt seiner Existenz - und nicht nur mit einem bestimmten Bereich seines Handelns, dem normativen Diskurs - an die von ihm beschriebenen Zusammenhänge bindet, geht BUBER sogar noch über die Überlegungen der Universal- und Transzendentalpragmatik (HABERMAS/APEL) hinaus. Die Beschreibung des (idealen) Dialogs als wechselseitige Umfassung **und wieder Es werden** (!) entspricht dabei *nicht* dem Ideal einer herrschaftsfrei zu Stande kommenden *gelingenden* (!) Verständigung (HABERMAS/APEL), sondern zeigt eine große Nähe zu dem Begriff der 'Mimesis' und der Utopie der 'Versöhnung' bei ADORNO. Auch diese zeigt sich nicht als vernunft-

---

(4) Es sei an dieser Stelle auf eine begriffliche Problematik der Diskussion der Überlegungen BUBERs im Zusammenhang mit der materialistischen Behindertenpädagogik hingewiesen. BUBER bezeichnet mit den Gegenständen die in der materiallen Welt vorhandenen meßbaren, quantifizierbaren Dinge. Die materialistische Behindertenpädagogik benutzt dieses Wort dagegen in der Tradition der kulturhistorischen Schule zur Bezeichnung des motivationalen Kerns von Tätigkeiten. Dies können Dinge, *in ihrer kulturellen Qualität*(!) aber auch materielose Themen des gemeinsamen Handelns (z.B. der Gegenstand einer Diskussion) sein. Diese begriffliche Fassung des Gegenständlichen siedelt also direkt an der Schnittstelle zwischen Ich-Es- und Ich-Du-Bereich bzw. bildet deren Organisator, ähnlich der Bedeutung des Themas bei der Themenzentrierten Interaktion (TZI) (vgl. RÖDLER 1993, 243 ff).

geborene Überwindung der Fremdheit zwischen den Menschen, sondern deren Zusammenkommen trotz, gegen, ja eigentlich über diese Fremdheit[(5)].

Dieser Aspekt ist, neben seiner allgemeinen Bedeutung im Bezug auf die angerissenen Fragen, von besonderer Bedeutung im Bereich der Sonderpädagogik, wo es um normative Maßstäbe der Arbeit sowie das prinzipielle Verstehen der Situation von so schwer beeinträchtigten Menschen geht, daß von diesen gesagt werden kann, daß sie absehbar niemals werden sprechen können. Die - im Sinne *individueller* Leistungen - voraussetzungslose Anthropologie BUBERs wie ihre unbedingte Verbindlichkeit vor dem Hintergrund eines überindividuellen Gemeinen, jenseits bloßer Verpflichtung, sondern als humanes Apriori - "*Ohne Es kann der Mensch nicht leben. Aber wer mit ihm allein lebt, ist nicht der Mensch*" (BUBER 1923 in 1984, S. 38)[(6)] - ermöglicht hier grundlegende Positionen, die der Verführungskraft utilitaristischer (Re-)Konstruktionen des Zeitgeistes wie der SINGERs, zu widerstehen vermögen.

Aber ist eine so weitgehende Auslegung BUBERs noch statthaft? Überzieht FEUSER in seiner Variante nicht die allgemeine Seite der Überlegungen BUBERs? Der folgende Text eines Vortrags, den BUBER 1960 in der Akademie der Schönen Künste in München hielt, sollte diese Bedenken ausräumen. Hier zeigt BUBER eine Wertschätzung des 'Zwischen' als Voraussetzung wie Medium konkreten Sprechens, dessen Bearbeitung einen Vergleich bis hin zu den strukturalistischen Entwürfen im Umkreis der Sprache von LACAN möglich macht.

Diese Tatsache ermöglicht denn auch das Wagnis von LANWER-KOPPELIN von Seiten eines postmechanistischen Materialismus her, BUBER mit erkenntnistheoretischen Aussagen marxistischer Theoretiker zu korrelieren. Daß dieses Vorgehen zumindest nicht völlig abwegig ist, zeigt der abschließende Disput zwischen ROSENSTOCK-HUESSY und BUBER in dem die jeweiligen Positionen, auf eine Zuordnung zu Sozialismus und Kommunismus hin zugespitzt, diskutiert werden. Die Zustimmung BUBERs, ja sein Insistieren, *nicht* dem Kommunismus zugeordnet zu werden, gilt dabei dem *geschichtlich konkreten* Kommunismus, der in seinem doktrinären Kollektivismus ersichtlich das Dialogische Prinzip BUBERs negiert; wie er - damit - seine eigenen

(5) Zu einer Verteidigung des Ideal ADORNOs von der 'Versöhnung' gegen das der 'Verständigung' bei HABERMAS vgl. RADEMACHER 1993

(6) Wäre hier nur eine bestimmte Haltung verpflichtend eingeklagt, müßte es heißen: 'ist', 'handelt' oder 'lebt nicht menschlich'.

Voraussetzungen und die an diese glaubenden Menschen zerstört.

Bezogen auf die Fragestellung des Disputs aber - '*Zeit und Geschichtlichkeit der Menschen*' - stellt BUBER seinen Glauben an die Stärke des Dialogs und die Verwandlungskraft 'dialogischer Verhältnisse' als Utopie in eine "*Epoche, die uns einen Kelch gereicht hat, den wir bis zur Hefe getrunken haben*" (s.u. S. 128). Diese Art von Gegenwärtigkeit zeigt eine Programmatik weit entfernt von individueller Selbstverwirklichung im Miteinander einer harmonischen Begegnung, zeigt das Bewußtsein von und die Verantwortung für die menschliche Schicksalsgemeinschaft, die alltäglich ihre eigene Voraussetzung von Neuem herstellen, sichern und verteidigen muß: "*Mein innerstes Herz ist in der Tat mit jenen (in der nächsten oder entfernten Zukunft), die, in Verzweiflung getrieben durch die Pseudorealisation dieses religionsähnlichen Weltprogramms und durch den planetarischen Machtzentralismus, der sehr wahrscheinlich alles verkehren wird, mit ihrer letzten Kraft die einaltrige und allaltrige Gegenwart aufrufen werden, die Anwesenheit zwischen Menschen.*" (s.u. S. 130)

* * *

Mit den Einführungen in diesen ersten Band der Reihe *REFLEXE PÄDAGOGISCHER STUDIEN* wurden Fragestellungen und Zusammenhänge angesprochen, die für das Konzept dieser Reihe stehen. Das Erfahrungsfeld des Herausgebers in Praxis und Theorie ist die Sonderpädagogik und hier insbesondere die Arbeit mit sogenannten 'schwerstbehinderten' Menschen und Autisten. In dieser Arbeit gilt es zum einen der Einzigartigkeit eines jeden Menschen gegenüber nivellierend stigmatisierenden Zuschreibungen immer wieder zu ihrem Recht zu verhelfen und zum anderen, das unmittelbar Eigenartige in der Arbeit zu einem Gemeinsamen werden zu lassen, um das Zurückgeworfen-Sein auf die Quasi-Singularität des Autismus zu vermeiden. Sonderpädagogik kann sich von daher nicht als *besondere* Pädagogik verstehen, sondern muß, immer wieder neu, das Konzept *Allgemeiner Pädagogik* differenzierend, so fortentwickeln, daß sich die Gemeinschaft der Menschen für jeden einzelnen Menschen als realisierbar erweist. Dem Konzept der Integration Behinderter kommt dabei geradezu konstituierende Bedeutung zu.

Dieses Konzept verbietet in gleicher Weise affirmativ harmonisierend glatte, wie ideologisch dogmatische Entwürfe. So soll diese Reihe Texten ein Podium bieten, die sich der prinzipiellen Dialektik menschlicher Existenz in all ihrer Differenziertheit stellen, diese reflektieren und so ein weiteres Stück Zukunft entwickeln. Unabdingbare Voraussetzung für das Verständnis der

Gegenwart ist dabei häufig der Blick in die Vergangenheit. So setzt sich die Reihe fort mit dem Titel *DIE ORDNUNG DES SCHICKSALS* von VERA MOSER, die dort den (pädagogischen) Umgang mit, wie auch das Bild von Behinderten generell, in die Logik der Aufklärung stellt, sowie mit einem Band, der Erfahrungen aus anderen Ländern im Zusammenhang mit der Integration Behinderter zusammenfaßt.

"BECKER: Können wir damit einverstanden sein, daß wir den Menschen zu seiner Individualität und zugleich zu seiner Funktion in der Gesellschaft bilden?

ADORNO: Formal ist das natürlich sehr einleuchtend. Ich glaube nur, daß in der Welt, in der wir leben, die beiden Ziele nicht miteinander zu vereinen sind. Die Idee einer Art Harmonie, wie sie noch Humboldt vorgeschwebt hat, zwischen dem gesellschaftlich funktionierenden und dem in sich ausgebildeten Menschen, ist nicht mehr zu erreichen.

BECKER: Nein, es geht darum, daß man diese Spannung aushalten muß, Spannungen, die unauflösbar sind wie das Verhältnis Theorie und Praxis, das im Mittelpunkt einer modernen Erziehung steht.

ADORNO: Aber dann muß die Erziehung auch auf diesen Bruch hinarbeiten und diesen Bruch selber bewußt machen, anstatt ihn zuzuschmieren und irgendwelche Ganzheitsideale oder ähnlichen Zinnober zu vertreten."

(ADORNO 1971, S. 118 f)

Literatur

ADORNO, Th. W.: Erziehung zur Mündigkeit. Frankfurt a.M. 1971

BUBER, M.: Ich und Du (1923). In: Das dialogische Prinzip. Heidelbg. 1984

FEUSER, G.: Entwicklungspsychologische Grundlagen und Abweichungen in der Entwicklung. Zeitschrift für Heilpädagogik, 7/91

HABERMAS, J.: Können komplexe Gesellschaften eine vernünftige Identität ausbilden?. In: HABERMAS, J. und HENRICH, D.: Zwei Reden aus Anlaß des Hegelpreises. Frankfurt a.M. 1974

MATURANA, H.R.: Erkennen: Die Organisation und Verkörperung von Wirklichkeit. Braunschweig 1985

RADEMACHER, C.: Versöhnung oder Verständigung - Kritik der Habermasschen Adorno-Revision. Lüneburg 1993

RÖDLER, P.: Lebenslang auf Hilfe anderer angewiesen - Grundlagen einer allgemeinen basalen Pädagogik. Frankfurt a.M. 1993

MARTIN BUBER

II DAS WORT, DAS GESPROCHEN WIRD[1]

Gehen wir von dem menschlichen Leben aus, das jeder von uns lebt, und der Bedeutung des Wortes für dieses Leben, dann sind drei Seinsweisen der Sprache unterscheidbar. Nennen wir sie präsenter Bestand, potentieller Besitz und aktuelles Begebnis. Es sind darunter naturgemäß jeweils Bestand, Besitz und Begebnis einer bestimmten Sprache zu verstehen.

Mit präsentem Bestand ist gemeint die Gesamtheit des in einem bestimmten Sprachbereichs in einem bestimmten Zeitabschnitt Sagbaren, auf das Sagenkönnen des zu Sagenden hin betrachtet. Als Ort des Bestandes ist somit das Miteinander aller Sprecher dieses Sprachbereichs anzusehn, die über dessen Bestand je und je in ihrem sprachlichen Intendieren und Äußern verfügen, das heißt: das Miteinander der lebenden Menschen, in deren persönlichem Sprachgewirr der Bestand sich jeweils aktualisiert. Das Sehen des Bestandsortes würde aber völlig verfehlt, wenn man den Bestand als ein außerhalb dieser Menschen Vorfindliches betrachten wollte. Jeder Versuch, den präsenten Bestand als einen von ihren jeweiligen Sprechern abgelösten Zusammenhang zulänglich zu erfassen und zu erstellen, muß in die Irre führen.

Mit potentiellem Besitz ist gemeint die Gesamtheit des in einem bestimmten Sprachbereich von je Geäußerten, insofern es sich im sprachlichen Intendieren und Äußern von Menschen dieses Bereichs noch als einbeziehbar erweist. Der Besitz erstreckt sich somit rechtmäßig vom Höchsten bis zum Trivialsten. Als Ort des Besitzes ist die Summe des in einer Sprache bis zu einem bestimmten Zeitabschnitt zu Laut und Schrift Gewordenen in all seinen Bewahrungsformen anzusehn, mit der entscheidenden Einschränkung jedoch, daß nichts dazugehört, als was noch heute und hier von einem lebendigen Sprecher in die Sphäre des lebenden Wortes gehoben, in sie heimgebracht werden kann. Auch diese scheinbar in purer Gegenständlichkeit entfaltete Seinsweise der Sprache ist, so gründlich sie auch der Philologe, der Literarhistoriker objektivierend erkennen kann, in ihrer dynamischen Tatsächlichkeit von der Aktualität des Wortes nicht abzulösen.

---

(1) Vortrag gehalten 1960 im Rahmen der von der Bayerischen Akademie der Schönen Künste an der Universität München veranstalteten Reihe "*Wort und Wirklichkeit*". Ersterscheinen in "*Gestalt und Gedanke*" Jahrbücher der Bayerischen Akademie der Schönen Künste. Oldenbourg Verlag, München und Wien 1960.

Die dritte Seinsweise der Sprache ist sie, die Gesprochenheit, vielmehr das Gesprochenwerden, das Wort, das gesprochen wird. Jene beiden, Bestand und Besitz, setzen ein geschichtlich Erworbenes voraus; hier aber ist nichts andres vorauszusetzen als der verwirklichungsfähige Wille von Menschen zur Kommunikation. Diese stiftet sich in einem Sich-einander-Zuwenden von Menschen; sie wird in der wachsenden Fruchtbarkeit dieser Grundhaltung die Gebärde, die Lautgebärde, das Wort gewinnen. Die Elemente des Sprachbestandes und die Gestalten dienen ihr.

Der echte Autor und das echte Gespräch - beide schöpfen aus dem Bestand der Sprache, also nicht aus dem Staubecken des Besitzes, sondern aus den quellenden und strömenden Wassern. Aber der Autor hat seine schöpfende Kraft von den Dialogpartnern zu Lehen. Wo kein echtes Gespräch mehr wäre, wäre auch kein Gedicht mehr; wogegen im Dunkel einer geistig unproduktiv gewordenen Welt noch immer je zwei zuverlässige Anrufer einander helfen könnten, aus dem Bestand der Sprache schöpfend einander das gemeinsame Erleiden zu sagen.

Was Goethe uns an bedeutender Stelle von der Rede des Himmels an die Erde in deren Urzeit berichtet: "*wie das Wort so wichtig dort war, weil es ein gesprochenes Wort war*", muß auch innerhalb unserer Menschenwelt gelten. Wir sind bereit, Goethe Glauben zu schenken. Aber was nun verleiht dem gesprochenen Wort diesen Vorzug? Ist ihm nicht oft unübersehbar vieles unermeßlich überlegen, das wir uns aus dem Bestand der Sprache holen, um es nur zu denken, oder das wir uns aus dem Besitz der Sprache holen, um es nur zu lesen: Ich meine, die Wichtigkeit des gesprochenen Wortes gründet in der Tatsache, daß es nicht bei seinem Sprecher bleiben will. Es greift nach einem Hörer aus, es ergreift ihn, ja es macht diesen zu einem, wenn auch vielleicht nur lautlosen Sprecher. Das darf aber nicht so verstanden werden, als ob das Begebnis der Sprache seinen Ort einfach in der Summierung beider Gesprächspartner oder, in der Terminologie Jakob Grimms, beider "*Redegesellen*" hätte, als ob der Vorgang des Gesprächs durch die psychophysische Erfassung zweier individueller Einheiten in einem gegebenen Zeitablauf zulänglich zu erfassen wäre. Das Wort, das gesprochen wird, begibt sich vielmehr in der schwingenden Sphäre zwischen den Personen, der Sphäre, die ich das Zwischen nenne und die wir niemals in den beiden Teilnehmern lassen können. Wenn wir ein Inventarium aller innerhalb eines dialogischen Vorgangs vorfindbaren physischen und psychischen Phänomene aufzunehmen vermöchten, dann bliebe ein Etwas sui generis uneinbeziehbar draußen, eben das, welches sich nicht als die Summe des Redens zweier oder mehrerer

Redenden samt allen Nebenumständen, sondern eben als ihr Gespräch uns zu verstehen gab.

Wir sind freilich drauf und dran zu vergessen, daß sich nicht bloß "*an*" und "*in*" uns, sondern auch ganz real zwischen uns etwas begeben kann. Besinnen wir uns auf die allereinfachtste Tatsache unseres Umgangs miteinander. Das Wort, das gesprochen wird, hier wird's geäußert und dort vernommen; aber seine Gesprochensein hat das Zwischen zum Ort.

2.

Gegen die Einsicht in den dialogischen Charakter der Sprache wird wohl darauf hingewiesen, daß Denken wesentlich ein Sprechen des Menschen mit sich selber sei. Damit wird zweifellos an eine Wirklichkeit gerührt; aber sie kann so nur berührt, nicht erfaßt werden. Das sogenannte Gespräch mit sich selber ist erst von der Grundtatsache des Miteinandersprechens von Menschen aus möglich, als dessen "*Verinnerlichung*". Wer aber die schwere Arbeit nicht scheut, sich auf eine vergangene Stunde seines Denkens nicht ihren Ergebnissen nach, sondern ihren Begebnissen nach gründlich zu besinnen, und mit dem Anfang anfängt, mag auf eine Urschicht stoßen, die er nun durchwandern kann, ohne einem Wort zu begegnen. Man merkt jetzt: man hatte etwas in den Griff bekommen, ohne daß einem das Werdenwolllen einer Bergrifflichkeit spürbar geworden wäre. Deutlicher gibt sich uns ins solcher Rückschau die zweite Schicht zu sehen, von eben diesem Werdenwollen durchwaltet; wir dürfen sie als die Sprachstrebigkeit bezeichnen. Das Innesein strebt immer wieder danach, Sprache, Denksprache, begreifende Sprache zu werden, Und nun erst treten wir im Werk unseres Erinnerns in die eigentliche Sprachschicht ein. Ja, hier wird, wie lautlos auch noch, doch schon erkennbar gesprochen. Aber spricht der Denkende zu sich selbst, als Denkendem? Im Sprechen des inneren Wortes will er es nicht zu Gehör bringen, nicht diesem da, der es ja eben schon als der es Aussprechende kennt, sondern den Namenlosen, Unvorgestellten, Unvorstellbaren, von denen er in seinem Begriffenhaben begriffen werden will. Der Denker ist urprunghaft einsamer als der Dichter, aber nicht zielhaft einsamer als er. Wie der Dichter ist er hingewandt, ohne sich hinzuwenden. Gewiß, es ist eine selbeigne Instanz, von der er die zuständige Prüfung seiner Begriffswelt vollziehen läßt; aber diese Welt ist nicht für jene Instanz bestimmt, nicht ihr zugedacht. Freilich sind manche modernen - und das heißt eben oft: entsokratisierten - Philosophen mit der Ganzheit ihrer Geistwelt einer monologisierenden Hybris verfallen, was einem Dichter kaum je widerfährt; aber dieser Monologismus, der zwar mit dem Existentialen, aber nicht auch mit dem Existentiellen vertraut ist, er in all seiner bannenden Kraft bedeutet eben die stärkste Androhung des Zerfalls.

Jeder Versuch, den Monolog als vollgültiges Gespräch zu verstehen, weswegen nicht auszumachen wäre, ob er oder der Dialog das Urprünglichere sei, muß daran scheitern, daß ihm die ontologische Grundvoraussetzung des Gesprächs fehlt, die Anderheit, konkreter: das Moment der Überraschung. Die menschliche Person ist sich selbst nicht in dem Sinn unvorhersehbar wie irgendeiner ihrer Partner: darum kann sie sich selbst kein echter Partner, kann sich kein realer Frager und kein realer Antworter sein; sie "*weiß ja irgendwo schon*" immer die Antwort zu der Frage, und zwar nicht in dem "*Unbewußten*" der modernen Psychologie, sondern in einem der Bezirke des bewußten Daseins, in einem Bezirk, der, obzwar im Augenblick der Frage ungegenwärtig, eben im nächsten schon aufblitzend gegenwärtig werden kann.

Man hat gelegentlich in der philosophischen Erörterung der Sprache das Sprechen als "*durch und durch 'monadisch'*" bezeichnet. Auf Wilhelm von Humboldts Gegebenheit des Du im Ich darf sich diese Auffassung nicht berufen; denn Humbodt wußte genau, wodurch die Tatsache des Du im Ich bedingt ist: dadurch, daß das Ich anderem Ich zum Du wird. "*Woher käme sonst auch*", fährt der sich irrtümlich auf Humboldt berufene Philosoph Hönigswald in diesem Zusammenhang fort, "*die grundsätzliche Möglichkeit des Mißverstehens oder Mißverstandenwerdens?*" Wie aber, wenn gerade diese Möglichkeit dem Sprechen wesenhaft eignet, weil die Sprache ihrem Wesen nach ein System möglicher Spannung ist - und das Denken eben deshalb nicht ein "*Sprechen mit sich selbst*", weil der realen Spannung ermangelnd? Es verhält sich ja keineswegs einfach so, daß ein Gespräch, das auf ein Sichverständigen der Partner über den Sinn eines Vorgangs abzielt, die von vornherein bestehende Verständigung über den Sinn der zu verwendenden Worte zur Voraussetzung hätte, wie John Locke meinte. Wenn zwei Freunde sich etwa über den Begriff des Gedankens unterreden, so mag der Begriff bei diesem und der bei jenem einander sehr sinnähnlich sein, als sinnidentisch dürfen wir sie nicht ansehn. Das ändert sich auch nicht, wenn die beiden damit beginnen, sich auf eine Definition des Begriffs zu einigen: Das große Faktum der Personenhaftigkeit wird auch noch in die Definition einzudringen wissen - es sei denn, daß die beiden "*Redegesellen*" gemeinsam den Logos an die Logistik verraten. Wird nun die Spannung zwischen den beiden Begriffsgehalten allzu groß, so entsteht ein Mißverständnis, das sich bis zur Zerstörung steigern kann; unterhalb des kritischen Punktes aber muß die Spannung keinesfalls unwirksam bleiben, sie kann fruchtbar werden, sie wird es immer da, wo aus dem Einander-Verstehen echtes Gespräch sich entfaltet.

Daraus ergibt sich, daß nicht die Eindeutigkeit des Wortes, sondern seine Mehrdeutigkeit die lebendige Sprache konstituiert. Die Mehrdeutigkeit erzeugt die Problematik des Redens, und sie erzeugt deren Bewältigung im Verstehen, das keine Angleichung, sondern eine Fruchtbarkeit ist. Die Mehrdeutigkeit des Wortes, die wir seine Aura nennen dürfen, muß in irgendeinem Maße schon bestanden haben, wann immer Menschen in ihrer Vielfältigkeit zueinandertraten, sich äußernd, um ihr nicht zu erliegen. Die Gemeinschaftlichkeit des Logos, als "*Wort*" und als "*Sinn*", die den Menschen zum Menschen macht, bekundet sich von je in der je und je sich vollziehenden Vergemeinschaftung der gesprochenen Worte.

Ich entsinne mich, vor 43 Jahren von einem Internationalen Institut für Philosophie in Amsterdam, an dessen Spitze der Mathematiker Brouwer stand, den Plan einer Akademie erhalten zu haben, deren Aufgabe es sein sollte, "*Wörter spirituellen Wertes für die Sprache abendländischer Völker zu schaffen*", und das heißt, von der Mehrdeutigkeit befreite Wörter. Ich antwortete, meines Erachtens sei der Mißbrauch der großen alten Worte zu bekämpfen, nicht der Gebrauch neu angefertigter zu lehren. Denn in der Sprache wie überall ertötet die *eingesetzte* Gemeinsamkeit die lebendige. Wohl hat die moderne Wissenschaft ein hohes Recht, sich ein für ihre Zwecke restlos verwendbares Verständigungsmedium zu schaffen, aber sie weiß, daß daraus nie ein Wort, das gesprochen wird, entstehen kann.

3.

Läßt sich, wie wir sahen, ein monologischer Urcharakter der Sprache aus der Selbsterfahrung des Denkenden nicht belegen, so wird man erst recht irregreifen, wenn man ihn im Bereich der Phylogenese zu entdecken sucht. Gewiß, es ist ein gebieterisch gültiges Sinnbild, wenn die biblische Erzählung Gott den Menschen die Namen der Tieren, die er ihm vorführt, ihnen frei zusprechen heißt; aber solches geschieht dem Menschen als einem bereits in der zulänglichen Kommunikation stehendem Wesen; dadurch, daß Gott den Menschen ansprach, hat er ihn - wie uns vor allem Franz Rosenzweigs "*Stern der Erlösung*" gelehrt hat - in die Sprache gestellt. Ein präkommunikatives Stadium der Sprache ist nicht zu ersinnen. Der Mensch hat nicht vor dem Mitseienden gestanden, ehe er ihm gegenüber lebte, auf es zu lebte und das bedeutet: ehe er mit ihm umging. Nie ist Sprache gewesen, ehe Ansprache war; Monolog konnte sie immer erst werden, nachdem der Dialog abbrach oder zerbrach. Den frühen Sprecher umgeben nicht Gegenstände, die er mit

Namen belegt, noch auch stoßen ihm Begebenheiten zu, die er mit Namen abfängt: im Partnertum erst wird ihm Welt und Geschick zur Sprache. Auch wenn ihm in zurufloser Einsamkeit das hörerlose Wort die Kehle bedrängt, haftet diesem das urher Mögliche, das Empfangenwerden an.

Ich will das Gemeinte an einem ethnologischen Sachverhalt verdeutlichen: an jenen merkwürdigen, nur als Residuum einer früheren Sprachstufe zulänglich von unserem Denken erfaßbaren Wortgebilden, die sich in den Sprachen mancher isolierten Gesellschaften - insbesondere denen der Eskimos und der Algonkin-Indianer - erhalten haben. In diesen sogenannten polysynthetischen oder holophrastischen Sprachen ist die aufbauenende Spracheinheit nicht das Wort, sondern das Satzwort. Das ist ein Gefüge, das in seiner voll ausgebildeten Form drei verschieden Arten von Bestandteilen aufweist(2). Zwei von ihnen, das sogenannte Kernelement und die formalen Elemente, sowohl die modalen als auch die personalen können auch selbstständig auftreten. Nicht so die Elemente der dritten Art, die überwiegend als Suffixe bezeichnet werden mögen: sie erscheinen ausschließlich in dieser ihrer dienenden Funktion; sie sind es aber, die die Form des Satzwortes recht eigentlich ermöglichen.

Zwar wäre es vermessen, mit einer versuchten Rekonstruktion der Genese jener eigentümlichen Form des Satzwortes den Gedanken an den Ursprung der Sprache zu verbinden; immerhin aber wird man an Hamanns kühnen Ausspruch erinnert, das erste Wort werde wohl "*weder ein Nomen noch ein Verbum gewesen sein, sondern wenigstens ein ganzer Period*". Wir finden als bestimmend nicht den Menschen im Angesicht der Dinge, die er zu verworten unternähme und damit erst ihrer vollen Dinghaftigkeit brächte. So grundwichtig dieser Akt auch ist, als bestimmend finden wir doch die Menschen miteinander, die sich über Situationen zu verständigen unternehmen. Nicht die Dinge, sondern die Situationen sind primär; und wenn Stefan Georges Spruch, kein Ding sei, wo das Wort gebricht, eben für die Dinge zutreffen mag - auf die Situationen die dem Menschen zu kennen gegeben werden, ehe er die Dinge zu kennen bekommt, ist es unanwendbar. Aus verschiedenen, verschiedenartigen Situationen, die der frühe Mensch erfährt, treten die gleichen, sozusagen gleich gebliebenen Dinge und Wesen, Vorgänge und Zustände hervor, die als solche begriffen, als solche benannt werden wollen.

In der Frühe, die wir solcherweise zu erschließen versuchen, stellt sich uns die Sprache vornehmlich als die Kundgabe und Kundnahme einer aktuellen

(2) Ich folge im Nachstehenden fast durchweg der Formulierung EDWARD SAPIRS, ohne mich allerdings seiner allgemeinen Grundanschauung anschließen zu können.

Situation zwischen zwei oder mehreren Menschen dar, die durch ein besonderes Aufeinander-angewiesen-Sein miteinander verbunden sind. Dieses Moment mag etwa in einem arbeitsteilig betriebenen Werk begründet sein, dessen Teilnehmer zeitweilig voneinander getrennt sind, aber doch nicht so sehr, daß nicht jeder noch die artikulierten Äußerungen des anderen deutlich vernehmen kann. Tritt bei dem einen eine neue, unvorhergesehene, aber in ihrem Wesen nicht unbekannte Situation ein, etwa die einer drohenden Gefahr, derengleichen es bereits gegeben hat, so ruft er dem Kameraden etwas zu, das diesem verständlich sein soll, aber nicht auch den möglicherweise in der Nähe weilenden Mitgliedern eines unfreundlich gesinnten Nachbarclans. Das, wovon ich spreche, ist keineswegs mit einem "*Notschrei*" oder einen "*Signal*" zu vergleichen, wie sie uns, der erste als improvisierte, das zweite als unter gleichen Umständen unwandelbar wiederkehrende Äußerung aus dem Leben von Tieren bekannt sind; wir können es aus keinen von beiden ableiten, denn auch das undifferenzierteste Ur-Situationswort muß, eben als Wort, schon jene dem Tier fremde, jähe und entdeckeriche Freiheit zu klingen gebracht haben, in der ein Mensch sich dem andern zuwendet, um ihm Kunde von Seiendem oder Geschehendem zuzuführen. Jede genetische Untersuchung, die ihre Unbefangenheit wahrt, bestätigt uns die alte Einsicht, auf die nicht oft genug verweisen werden kann: daß das Geheimnis der Sprachwerdung und das der Menschwerdung eins sind.

Ich habe schon einmal(3) darauf aufmerksam gemacht, daß die solitäre Kategorie "*Mensch*" aus einem Zusammenwirken von Distanz und Beziehung zu verstehen ist. Der Mensch steht, anders als alles andere lebende Wesen, der Welt distanzhaft gegenüber, und er kann je und je, anders als alles andere lebende Wesen, zu ihr in Beziehung treten. Nirgends manifestiert sich dieses gründende Doppelverhältnis so umfassend wie in der Sprache. Der Mensch, er allein, spricht, weil nur er das Andere, eben als das ihm distanziell gegenüberstehende Andere, ansprechen kann; indem er es aber anspricht, tritt er in die Beziehung ein.

Das Werden der Sprache bedeutet jedoch auch eine neue Funktion der Distanz. Denn auch das früheste Sprechen hat nicht, wie ein Schrei oder ein Signal, sein Ende in sich: es setzt das Wort aus sich ins Sein, und das Wort besteht, es ist Bestand. Und der Bestand gewinnt sein Leben stets neu in der wahrhaften Beziehung, in der Gesprochenheit des Wortes. Das echte Gespräch

---

(3) Urdistanz und Beziehung (1951).

bezeugt es, und das Gedicht bezeugt es. Denn das Gedicht ist Gesprochenheit, Gesprochenheit zum Du, wo immer ihm der Partner wese.

Aber - so mag gefragt werden - wenn dem so ist, wenn es nicht als Metapher, sondern als Tatsache genommen werden soll, daß das Gedicht eine Gesprochenheit ist, dann heißt das doch wohl auch, daß nicht bloß daß Gespräch, sondern auch das Gedicht auf seinen Wahrheitsgehalt betrachtet werden kann? Auf diese Frage ist nur mit Ja und Nein zugleich zu antworten. Jedes authentische Gedicht ist auch wahr, aber diese Wahrheit steht außerhalb aller Relation zu einem aussagbaren Was. Gedicht nennen wir die nicht eben häufig erscheinende worthafte Gestalt, die uns eine Wahrheit zuspricht, welche auf keine anderer Weise als eben auf diese, auf die Weise der Gestalt, zu Worte werden kann. Darum nimmt jede Umschreibung eines Gedichts ihm seine Wahrheit. Ich sagte: das Gedicht spricht; man darf auch sagen: der Dichter spricht, wenn man damit nur nicht den Gegenstand einer Biographie und Verfasser von allerhand Werken meint, sondern eben den lebendigen Sprecher dieses Gedichts hier. Dieser Sprecher ist als Dichter der Sprecher einer Wahrheit. Nietzsches Scherzspruch, die Dichter lögen zu viel, redet an der Tiefe dieser Wahrheit vorbei, die ins Geheimnis des bezeugenden Wie versenkt ist. Mit dem dargelegten Sachverhalt hängt auch die Problematik des Interpretierens von Gedichten zusammen, sofern es etwas anderers im Sinn hat, als das Wortgebild zu adäquaterem Vernommenwerden zu bringen. Die Begrifflichkeit, der das Ziel gesetzt ist, ein erkennbares Was zur Klärung und Geltung zu bringen, lenkt vom echten Verständnis des Gedichts ab und verfehlt die von ihm getragene Wahrheit.

Aber wenn wirklich beidem, dem Begrifflichen und dem Dichterischen, der Name der Wahrheit zukommt, wie ist eine Wahrheit zu fassen, die beides umfaßt? Zu einer ersten Antwort auf diese Frage nach den beiden Wahrheiten und der einen mag uns ein alter Text helfen, der zugleich auf das Urphänomen der Sprache hindeutet.

Eine heilige Schrift der Inder, das Brahmana der hundert Pfade, erzählt, die Götter und die Dämonen seien beide dem Selbstopfer des Urzeugers entsprungen und hätten dessen Erbschaft angetreten. Dann heißt es wörtlich: "*Die Erbschaft, das war das Wort: Wahrheit und Falschheit. Nun sprachen diese und jene die Wahrheit, diese und jene sprachen die Falschheit. Indem sie dasselbe sprachen, waren sie einander gleich. Die Götter verwarfen nun aber die Falschheit und nahmen die Wahrheit allein an; die Dämonen verwarfen nun aber die Wahrheit und nahmen die Falschheit allein an. Da erwog jene Wahrheit, die bei den Dämonen war: 'Da, die Götter haben die Falschheit verworfen und haben die Wahrheit allein angenommen. so will ich denn hin-*

gehn. ' Und sie kam zu den Göttern. Jene Falschheit aber, die bei den Göttern war, erwog: 'Da, die Dämonen haben die Wahrheit verworfen und die Falschheit allein angenommen. So will ich denn hingehen. ' Und sie kam zu den Dämonen. Jetzt sprachen die Götter die ganze Wahrheit, die Dämonen sprachen die ganze Falschheit. Da die Götter einzig die Wahrheit sprachen, wurden sie schwächer und ärmer; darum, wer einzig die Wahrheit spricht, wird immer schwächer und ärmer: Aber am Ende besteht er, und am Ende bestanden die Götter. Und die Dämonen, die einzig die Falschheit sprachen, gingen auf und gediehen; darum, wer einzig die Falschheit spricht, geht auf und gedeiht. Aber am Ende vermag er nicht zu bestehn, und die Dämonen vermochten nicht zu bestehen."

Es ist unsere Beachtung wert, wie hier das Schicksal des Seins durch das Sprechen des Wortes bestimmt wird, und zwar durch das Sprechen des wahren und des falschen Wortes. Aber was kann uns, wenn wir die Mythe in unsre menschliche Wirklichkeit versetzen, "*wahr*" und "*falsch*" bedeuten? Offenbar doch nicht etwas, was erst durch das Beziehen auf ein außerhalb der Sprechenden Befindliches erfaßt werden kann. Die Mythe kennt nur die Gesamtheit der einen, noch ungeteilten Sphäre: Wir dürfen also, wenn wir von der Mythe in unsere Welt abspringen, uns keiner anderen Sphäre zuwenden als der jener gemäßen. "*Einer spricht die Wahrheit*" mag daher wohl umschrieben werden durch: "*Einer sagt, was er meint.* " Aber was darf "*meinen*" hier heißen? In unserer Welt und in unserer Sprache bedeutet die offenbar, daß der Sprecher, wie er als der, der er ist, meint, was er meint, so auch als der, der er ist, sagt, was er meint. Das Verhältnis zwischen der intendierten Einheit von Meinen und Sagen einerseits und der zwischen Meinen und Sagen und dem personenhaften Dasein selbst andrerseits.

Ein besonders starker Akzent liegt in dieser Mythe auf der Festellung, daß - in unserer Sprache ausgedrückt - die gleichsam chemisch von ihrem Falschheitsgehalt gereinigte Wahrheit im geschichtlichen Verlauf erfolglos ist. Alles kommt hier darauf an, die Worte "*aber am Ende besteht er*" richtig auszulegen. Es ist dies keine Äußerung einer optimistischen Geschichtsauffassung und auch kein eschatologischer Spruch. "*Am Ende*" heißt uns: in der reinen Rechnung der persönlichen Existenz. In der religiösen Sprache wird gesagt: "*Wenn die Bücher aufgeschlagen werden*", aber das ist nicht dort und dann, sondern hier und jetzt.

Die Wahrheit, um die es solcherweise geht, ist nicht die sublime, dem Sein selber eignende "*Unverborgenheit*", die Aletheia der Griechen; es ist die schlichte Wahrheitskonzeption der hebräischen Bibel, deren Etymon "*Treue*" bedeutet, die Treue des Menschen oder die Treue Gottes. Die Wahrheit des

Wortes, das wahrhaft gesprochen wird ist ihren höchsten Formen, so im Gedicht und ungleich mehr noch so in dem botschaftsartigen Spruch, der aus der Stille über eine zerfallende Menschenwelt niedergeht, unzerlegbare Einheit. Sie ist Erscheinung ohne mitgegebene Diversität der Aspekte. In allen anderen ihrer Formen aber ist dreierlei an ihr zu unterscheiden. Sie ist zum ersten getreue Wahrheit im Verhältnis zu der einst vernommenen und nun ausgesprochenen Wirklichkeit, auf die zu sie das Fenster der Sprache weit auftut, damit sie dem Hörer unmittelbarer vernehmbar werde. Sie ist zum zweiten getreue Wahrheit im Verhältnis zu dem Angesprochenen, den der Sprecher als solchen meint, gleichviel, ob er namentragend oder anonym, vertraut oder fremd sei. Und einen Menschen meinen, heißt nicht weniger als mit dem aussendbaren Seelenelement, mit der "*Außenseele*", bei ihm sein und seiner Einsicht beistehen, so fundamental man auch zugleich bei sich selbst bleibt und bleiben muß. Und zum dritten ist die Wahrheit im Verhältnis zu seinem Sprecher, d.h. zu dessen faktischer Existenz in all ihrem verborgenen Bau. Die menschliche, dem Menschen gewährte Wahrheit, von der ich rede, ist kein Pneuma, das sich von oben auf die überpersonhaft gewordenen Schar ergießt: sie tut sich einem eben in seiner Personhaftigkeit an. Diese konkrete Person steht mit ihrer Treue in dem ihr zugewiesenen Lebensraum für das Wort ein, das von ihr gesprochen wird.

JUTTA VIERHEILIG

III DIALOGIK ALS ERZIEHUNGSPRINZIP

Obwohl BUBER seine Hauptschriften bereits in den 20er Jahren verfaßte, scheint er erst heute von der Pädagogik entdeckt worden zu sein.

Ich rede hier absichtlich von *der* Pädagogik im allgemeinen, da BUBERS Gedankengut sowohl von Pädagogen beansprucht wird, die der Theorie des Interaktionismus und der psychoanalytischen Erklärungsweise anhängen, als auch Eingang findet in Überlegungen materialistischer sowie traditionell-konservativ geprägter Denkstrukturen. Diese 'Nutzer-Vielfalt' reizte mich, die Dialogische Philosophie BUBERS von Grund auf zu studieren und zu analysieren.

Erst im Anschluß an diese intensive BUBER-Rezeption konnte und wollte ich Überlegungen dahingehend anstellen, inwieweit das Dialogische Prinzip Relevanz besitzt für Theorie und Praxis der (Heil-)Pädagogik und worin diese im einzelnen besteht.

Des weiteren hatte sich für mich die Frage herausgeschält, was eine dialogische Pädagogik, die sich an BUBERS anthropologische Vorstellungen anlehnt, einerseits tatsächlich leistet und andererseits meiner Ansicht nach leisten müßte, um der Bezeichnung 'dialogisch' oder 'dialog-orientiert' gerecht zu werden.

1 EINLEITUNG

> "*Heilpädagogik beschäftigt sich ..., wie Pädagogik überhaupt, mit Subjekten und intersubjektiven Beziehungen, was darum einen diese Subjektivität ernst nehmenden Umgangsmodus der Dialogik notwendig macht*" (KOBI in LEBER 1980, S. 86).

In der jüngeren erziehungswissenschaftlichen Diskussion wird die Forderung nach einer 'Dialogisierung' der Pädagogik und der Beziehung zum 'behinderten' Kind immer lauter. Anerkennung der Subjektivität des Kindes und Wechselseitigkeit der Beziehung zwischen Kind und Pädagoge kennzeichnen die neue Haltung.

Die Idee einer dialogischen Pädagogik hat jedoch - über ihr Diskutiert-Werden in der Gegenwart hinaus - eine jahrzehntelange Denktradition aufzuweisen.

In dieser Tradition steht u.a. die dialogische Philosophie Martin BUBERs. Dieser knüpfte seine Vorstellungen von der Individuation des Kindes im Erziehungsprozeß eng an die Ich-Du-Beziehung. Er plädierte für die Subjektivität und Einzigartigkeit eines jeden Menschen, die für ihn jedoch nur innerhalb der Beziehung und durch diese voll zur Entfaltung kamen.

So prangerte BUBER bereits in den 20er und 30er Jahren gesellschaftliche Zustände an, die den Menschen seiner Subjektivität beraubten und in denen die Objektivierung des Menschen überhand nahm. Aufgelöst in einem 'Kollektiv' sah BUBER den Einzelnen seiner existentiellen Verantwortung und damit seiner Entscheidungsmöglichkeiten entledigt.

Betrachtet man diese Gedanken in bezug auf die heutige erziehungswissenschaftliche Diskussion um einen Paradigmenwechsel innerhalb der Pädagogik, wird deren Aktualität offenkundig.

In der Heilpädagogik erfahren BUBERs Gedanken insofern noch eine Verschärfung, als dort die Objektivierung und Verdinglichung des Menschen in Form von traditioneller Diagnose, normorientierten Tests, standardisierter Therapie etc. offiziell betrieben wird.

Die neuere Heilpädagogik ist dagegen bestrebt, sich von dieser medizinischen Tradition zu lösen. Die Definition des 'Behinderten' als eines auf ein außerhalb der Norm liegendens Merkmal reduzierten und damit objektivierten Individuums sowie die damit verknüpfte Überzeugung von einem determinierten Dasein des 'Behinderten' werden scharf kritisiert.

Die Ablehnung des deterministischen Menschenbildes ist einer der Hauptaspekte, der den neueren heilpädagogischen Erklärungsansätzen, seien sie nun interaktions- oder gesellschaftstheoretischer Natur, gemein ist.

Der Mensch wird einerseits als ein Wesen betrachtet, das durch seine spezifische Erziehung, sein soziales Umfeld sowie seine ökonomische Situation mitbestimmt ist, andererseits wird er aber auch als aktiv handelndes und interagierendes Subjekt gesehen. Dem 'Behinderten' wird hier - ebenso wie dem 'Nicht-Behinderten' - eine vollwertige und individualgeschichtlich entwickelte Persönlichkeit zugestanden.

Gleichzeitig wird bereits deutlich, daß die Entstehungsbedingungen von Behinderung als multifaktoriell angenommen werden, welche sich ihrerseits wiederum gegenseitig beeinflussen. Anstelle der früher postulierten Monokausalität von Behinderung tritt nun die Hypothese der Wechselwirkung und Interdependenz einzelner verursachender Faktoren.

Für die Praxis des Heilpädagogen bedeutet die grundsätzliche Gleichstellung von 'Behinderten' und 'Nicht-Behinderten' auf der Seins-Ebene einen Wegfall von Kategorisierungsmöglichkeiten in bezug auf sein Gegenüber. Gleichzeitig gewinnt die zwischenmenschliche Beziehung zwischen Pädagoge und Kind immens an Bedeutung; sie konstituiert nun primär die erzieherische Situation.

An die Stelle eines Ausführens und Ausfüllens von Techniken und Therapieplänen tritt nun die Begegnung zwischen Lehrer und Kind als zwei einmaligen, einzigartigen Personen, wovon der Lehrer als der 'Erfahrenere' die Rolle eines Repräsentanten der Wirklichkeit gegenüber dem Schüler einnimmt.

Diese Konzentrierung der Erziehung auf die Lehrer-Kind-Beziehung trifft man hauptsächlich in der interaktions- und personorientierten Pädagogik an. Die Vermittlung von Inhalten ist hier stark an die Person des Erziehers gebunden. Die Welt wird dem Schüler nicht als etwas außerhalb-des-Menschen-Existierendes, vom Menschen und menschlichen Schicksal Unabhängiges und Unabänderbares vorgeführt, das es zu akzeptieren und dessen Gesetzmäßigkeiten es zu kennen gilt, sondern sie wird ihm durch die Subjektivität des Lehrers hindurch präsentiert.

Es geht hier um die Interpretation von Welt, um das Konzept einer handhabbaren Realität, das dem Heranwachsenden angeboten werden soll. Die ursprünglich anonyme Welt wird durch die Person des Erziehers transformiert in eine personifizierte Welt.

Betrachtet man die Heilpädagogik also losgelöst von ihrer medizinischen Basis und damit nicht mehr unter dem Primat des Behandelns, sondern unter dem Aspekt der Beziehung, bekommt die heilpädagogische Arbeit einen grundlegend anderen, ich möchte sagen emanzipatorischen Inhalt: Ihr obliegt die Aufgabe, dem Schüler durch die Person des Lehrers den Umgang mit und die Orientierung in der Realität zu ermöglichen. Ihr Ziel ist es, den Schüler dazu zu befähigen, sich die Welt zunehmend selbsttätig erschließen zu können. In diesem Zusammenhang erscheinen mir die Gedanken BUBERs sehr wichtig.

BUBER geht von der Annahme aus, daß der Mensch in einem 'Zustand der Dialektik' zwischen Autonomie und Gebundenheit oder Beziehung heranreift. Er beschreibt hierbei sehr genau die Art der Beziehung zwischen Erzieher und 'Zögling', sowie den Vorgang der Begegnung selbst, des 'Wachsens am Andern'.

Im Gegensatz zu den neueren heilpädagogischen Konzepten, die - bis auf die materialistische Behindertenpädagogik - im wesentlichen grundlegender theoretischer Vorstellungen entbehren, leitet BUBER seine pädagogischen Ideen aus seiner Philosophie ab.

Auf einer religiös-anthropologischen Basis entwickelt er das Dialogische Prinzip, das 'Prinzip des Menschen mit dem Menschen', für BUBER die Grundvoraussetzung menschlichen Seins.

Das Menschenbild bei BUBER und die daraus entwickelten Vorstellungen über Erziehung, die Deduktion des erzieherischen Verhältnisses aus philosophisch-anthropologischen Grundannahmen heraus, bilden den thematischen Schwerpunkt meiner Ausführungen.

Warum ich eine philosophische Begründung von Pädagogik für unverzichtbar halte, werde ich in der Schlußbemerkung noch einmal herausstellen.

Zur Sprache BUBERs möchte ich anmerken, daß sie sich für mich recht mystisch darstellte und teilweise etwas antiquiert wirkte. Trotzdem habe ich sie - zumindest in bezug auf ihre Kernaussagen - sowohl in der Darstellung als auch in den eigenen Reflexionen übernommen. Hätte ich BUBERs Sprachebene verlassen und sie in eine zeitgemässere Begrifflichkeit zu transponieren versucht, wäre ich eventuell Gefahr gelaufen, ihre Sinngehalte zu verändern. Den Begriff des 'Zöglings' habe ich deshalb trotz seines, meinem Empfinden nach, etwas diskriminierenden Beigeschmacks aus Mangel an Alternativbegriffen größtenteils beibehalten.

Im Anschluß an die Ausführungen über das Dialogische Prinzip und seine Bedeutung für die Pädagogik stellte sich mir die Frage, inwieweit das BUBERsche Konzept Relevanz besitzt für eine auch philosophisch fundierte Neuorientierung in der Heilpädagogik.

Ferner interessierte mich, ob es bereits entwickelte pädagogische Ansätze für die Praxis gibt, die sich entweder direkt an BUBER anlehnen oder aber gedankliche Parallelen zum BUBERschen Denken aufweisen.

Hierbei stieß ich auf den Bereich der Kommunikativen und der sog. person- und dialogorientierten Pädagogik, die ich im weitesten Sinne dem interaktionistischen Paradigma zurechnen würde bzw. die auch eine Weiterentwicklung desselben bedeuten können.

Auch der Integrationsgedanken sowie die psychoanalytisch orientierte Heilpädagogik haben Vorstellungen vom Menschen als eines verantwortlich handelnden Subjekts hervorgebracht, der speziell in der Phase der Entwicklung eines Dialogpartners bedarf.

All diese verschiedenen Ansätze üben - unbedacht ihrer theoretischen Ausrichtung - Kritik am Positivismus des medizinischen Modells. Das Hauptcharakteristikum der traditionellen Heilpädagogik, Objektivierung und damit Reduzierung des behinderten Menschen auf seine Behinderung, wird entschieden abgelehnt. An ihre Stelle tritt das Subjekt sowie die intra- und interpersonellen Beziehungsgefüge, in denen sich das Subjekt erst konstituiert.

Abschließend scheint es mir unerläßlich, in unserem Zusammenhang einige nicht explizit heilpädagogische Gedankensysteme zu nennen, die wie BUBER in der philosophischen Tradition der Existenzphilosophie und der Phänomenologie stehen und u.a. aus ihr entstanden sind. Ich denke hierbei an eher pädagogisch-therapeutische Konzepte aus dem Gebiet der Humanistischen Psychologie, wie die Gestalttherapie PERLs, die Gesprächspsychotherapie ROGERS und die Themenzentrierte Interaktion (TZI) COHNs.

Diese Ansätze stellen die menschliche Beziehung zwischen Therapeut/Klient bzw. Leiter/Gruppe in den Mittelpunkt ihrer Theorien und scheinen mir für eine heilpädagogische Arbeit mit emanzipatorischem Anspruch auch für die Schulpraxis von großer Bedeutung.

Es wird zu zeigen sein, inwieweit sich die pädagogischen Vorstellungen BUBERs hier widerspiegeln bzw. erweitert vorfinden.

2 DER RELIGIONSPHILOSOPH MARTIN BUBER: EINE STANDORTBESTIMMUNG

Das Menschenbild BUBERs und die daraus erwachsenen Vorstellungen über Erziehung sollen nicht in den luftleeren Raum hineingestellt, sondern müssen m.E. im gesellschaftlich-historischen Kontext gesehen werden.

BUBER lebte in einer Zeit des Umbruchs: Im Zuge der Industrialisierung verdrängte der Materialismus die idealistische Philosophie, die Naturwissenschaften gewannen die Oberhand auf dem geistigen Gebiet, Fortschrittsglaube und Erwerbsrausch kennzeichneten das neue Lebensgefühl. Gleichzeitig konstatierten verschiedene Denker (u.a. Nietzsche) Zeichen der Auflösung der Gesellschaft: Verfall der Kultur, moralische Zersetzung, Gemeinschaftsunfähigkeit des modernen Menschen. Die Einflüsse, die auf den jungen BUBER einströmten und sein Denken mitformten, sind vielfältiger Art.

Es scheint mir daher notwendig, den folgenden Darlegungen einen kurzen biographischen Abriß voranzustellen, anhand dessen ich die wesentlichsten religiösen und philosophischen Einwirkungen auf BUBERs Denken aufzeigen möchte.

1878 in Wien geboren, kommt BUBER - nach der Trennung seiner Eltern - im Alter von 3 Jahren zu seinen Großeltern ins polnische Lemberg und wächst dort auf. Zum einen wird er durch die Tätigkeit seines Großvaters (Midraschforscher) früh mit dem Talmud konfrontiert, zum anderen begegnen ihm dort im Ostjudentum die Ausläufer der chassidischen Bewegung. Gelegentliche Begegnungen mit einer chassidischen Gemeinde hinterlassen bei ihm Eindrücke von einem Gefühl des 'Miteinander', der 'wahren Gemeinschaft', des 'Uralten' und 'Ersehnten' (vgl. BUBER 1917 in 1963, S. 964). Der Lehre der Chassidim widmet er sich jedoch erst im späteren Erwachsenenalter; sie durchzieht von da ab sein ganzes Denken und prägt - was in unserem Zusammenhang wichtig ist - seine Philosophie grundlegend.

Um die Jahrhundertwende engagierte BUBER sich in der zionistischen Bewegung, zog sich jedoch nach dem Abschluß seines Philosophiestudiums aus ihr zurück. In den darauffolgenden Jahren lebte er völlig zurückgezogen und widmete sich der Mystik verschiedenster Epochen und Kulturkreise, in besonderem Maße jedoch dem Chassidismus. Aus dieser erneuten Berührung mit dem Chassidismus erwuchs BUBERs Lebensaufgabe: Die literarische Erschließung und dichterische Gestaltung der Überlieferungen der Chassidim.

1923 trat BUBER mit seinem Hauptwerk 'Ich und Du' an die Öffentlichkeit. In den 20er Jahren war er in Frankfurt am Main als Professor für jüdische Religionswissenschaften und Ethik beschäftigt und floh 1938 nach Jerusalem. Dort setzte er seine Lehrtätigkeit bis ins hohe Alter hinein fort.

Auf dem Gebiet der Philosophie wurde BUBER in erster Linie von Ludwig FEUERBACH inspiriert. Dieser betrachtete den Menschen - im Gegensatz zum Idealismus - nicht unter dem Abstraktum des Geistes und der Vernunft, sondern in seinem konkreten und ganzheitlichen Wesen. FEUERBACH machte den Menschen zum Zentralpunkt seiner Philosophie und stellte erstmals 'die Einheit des Menschen mit dem Menschen' als höchstes Prinzip der Philosophie auf (vgl. FEUERBACH 1922, S. 92).

Die anthropologische Kategorie des Ich-Du wurde von FEUERBACH zwar nicht konsequent durchgeführt (vgl. FABER 1960, S. 16), BUBER erhielt von ihr jedoch eine 'entscheidende Anregung' (vgl. BUBER 1947, S. 366).

In seiner Schrift 'Die Frage an den Einzelnen' setzt sich BUBER intensiv mit dem Existenzphilosophen Sören Kierkegaard auseinander. BUBER stimmt mit Kierkegaard insoweit überein, als dieser forderte, daß der Mensch, um in die Beziehung mit Gott eintreten zu können, erst ein Einzelner', ein sich Findender werden müsse. Daß Kierkegaard jedoch die Beziehung zu Gott eine ausschließliche nennt, alle anderen Beziehungen (z. B. zu den Mitmenschen) für unwesentlich bzw. sogar hinderlich erklärt, stößt bei BUBER auf Ablehnung. "*Die Schöpfung ist keine Hürde auf der Bahn zu Gott, sie ist die Bahn selbst*" (BUBER 1936 in 1984, S. 218). Hier kommt deutlich der chassidische Denker zum Vorschein, der - der chassidischen Lehre gemäß - davon überzeugt ist, daß man nur über die Welt und durch die Dinge hindurch Gott näherkommen kann.

Bei der Darstellung weiterer Einflüsse auf dem Gebiet der Philosophie möchte ich mich auf die Namen DILTHEY und EBNER beschränken.

Als einstigem Schüler DILTHEYs wirkte auf BUBER besonders die Wertschätzung der Individualität und Einmaligkeit des Menschen nachhaltig, die DILTHEY gegenüber der kausalistischen zeitgenössischen Psychologie vertrat (vgl. FABER 1960, S. 19). Der direkte Einfluß des katholischen Denkers F. EBNER auf das Gedankengut BUBERs ist umstritten; es lassen sich jedoch verblüffende Parallelitäten aufweisen (EBNER 1921).

Sowohl EBNER als auch BUBER benutzen den gleichen Gottesbegriff, wenn sie von Gott als dem 'Wahren Du' sprechen, und begreifen Gott gleichermaßen in pantheistischer wie in personaler Weise (vgl. HORWITZ in BLOCH/ GORDON 1983, S. 143). Der entscheidende Unterschied liegt darin, daß EBNER - auf die Lehre von der Erbsünde verweisend - die Welt als "*gefallene Welt*" (a.a.O. S. 151) bezeichnet und sie nicht für würdig hält, mit Gott in Beziehung zu treten[(1)].

Diese knappen Ausführungen über die philosophischen Einwirkungen erheben keinen Anspruch auf Vollkommenheit; es soll denn auch abschließend festgehalten werden, daß BUBERs Ausrichtung auf das Dialogische "*nicht vor allem philosophisch motiviert ist*", sondern "*ihr wesentlicher Antrieb aus dem jüdischen Wurzelgrund..., näher aus den Gehalten des Chassidismus kommt*" (HUBER 1959, S. 10).

(1) Die Schöpfung als Weg zu Gott zu akzeptieren hat BUBER mit dem jüdischen Denker FRANZ ROSENZWEIG gemein; vgl. hierzu: ROSENZWEIG, Stern der Erlösung, 1921

2.1 Die Anthropologie des Dialogischen Prinzips

"*Die fundamentale Tatsache der menschlichen Existenz ist der Mensch mit dem Menschen*" (BUBER 1947, S. 454).

Für BUBER ist das Wesenhafte seines Menschenverständnisses die Mitmenschlichkeit. Die Menschen sind für ihn nicht einfach eine besondere Gruppe der Lebewesen, sondern konstituieren durch ihr Bezogensein auf ein Du, ein Gegenüber, eine besondere Seinsweise.

Die volle Wirklichkeit des Menschen entfaltet sich zwischen dem Ich und Du, bei BUBER wird dieser Bereich das Zwischenmenschliche genannt. BUBER umschreibt dies folgendermaßen:

"*Betrachtest du den Einzelnen an sich, dann siehst du vom Menschen gleichsam nur so viel wie wir vom Mond sehen; erst der Mensch mit dem Menschen ist ein rundes Bild... Betrachte den Menschen mit dem Menschen, und du siehst jeweils die dynamische Zweiheit, die das Menschenwesen ist, zusammen*" (BUBER a.a.O. S. 458).

Diese Sichtweise des Seins steht in engem Zusammenhang mit chassidischen Vorstellungen, wonach der Einzelne kein Ganzes ist, sondern nur ein Teil. "*Und je reiner und vollkommener er (der Einzelne, Anm. d. Verf.) ist, desto inniger weiß er es, daß er ein Teil ist, desto wacher regt sich in ihm die Gemeinschaft der Wesen*" (BUBER 1908 in 1963, S. 40).

BUBER bleibt jedoch nicht auf der anthropologischen Ebene stehen, sondern verleiht dem Verhältnis von Ich und Du eine ontologische und religiöse Tiefe.

Die zwischenmenschliche Beziehung ist in ein umfassenderes Ich-Du-Verhältnis (Mensch-Gott) eingebettet und gewinnt dadurch ihre letzte Bedeutung. In jeder 'duhaften Wirklichkeit' schwingt immer noch das ewige, absolute Du Gottes mit (vgl. HUBER 1959, S. 15).

Hier wird wiederum BUBERs Verwurzelung im Chassidismus deutlich: Für die Chassidim ist Gott nicht nur Schöpfer der Welt, sondern er hat auch eine in der Welt wohnende Gestalt.

Nach der Lehre der Chassidim ist Gottes Sein bei der Erschaffung der Welt in eine Zweiheit zerfallen: 'Elohut' stellt das Gotteswesen dar, "*das den Kreaturen entrückt ist*", 'Schechina' sind die "*göttlichen Funken*", die den irdischen Dingen innewohnen (vgl. BUBER 1949 in 1963, S. 81).

Die Welt gilt erst als erlöst, wenn die 'Seelen und Seelenfunken' durch den Menschen erhoben und befreit und damit Gott zurückgegeben werden.

Aus dieser Auffassung ergibt sich einerseits, daß auch das Verhältnis zu Gott - da dieser auf den Menschen angewiesen ist - von Wechselseitigkeit geprägt ist, andererseits deutet sie auf die Aufgabe und das Ziel des Menschen hin: durch die Welt zu Gott zu gelangen.

2.1.1 Die Dialektik des menschlichen Daseins: Die Grundworte Ich-Du und Ich-Es

BUBERs Denken ist in bezug auf alle Phänomene, die er beschreibt, ausgesprochen dualistisch. An den Anfang seiner Schrift 'Ich und Du' stellt er die markante Aussage: "*Die Welt ist dem Menschen zwiefältig nach seiner zwiefältigen Haltung*" (BUBER 1923 in 1984, S. 7).

Die zwiefältige Haltung des Menschen ist bedingt durch die Grundworte, die er sprechen kann: Ich-Du und Ich-Es. Die Grundworte sind jedoch keine Einzelworte, sondern Grundwortpaare. Sie bezeichnen die Art des Umgangs, den der Mensch mit seiner Umwelt haben kann.

- Ich-Du

Das Grundwort Ich-Du steht für die Welt der Beziehung; deren Grundwort wiederum lautet Verbundenheit. Da der Mensch nach BUBER auf die Verbundenheit hin angelegt ist, findet er auch nur in dieser seine Erfüllung.

Wenn ein Mensch nun in die Beziehung eintritt, dann bringt er sich mit seinem ganzen Wesen ein und gibt sich zu erkennen, wie er ist. Darüberhinaus läßt er es zu, daß der andere, dem er gegenübertritt, an ihm 'wirkt'; denn nach BUBER schließt die unmittelbare Beziehung ein Wirken am jeweiligen Gegenüber mit ein (vgl. BUBER 1923 in 1984, S. 18). "*Ich werde am Du*" schildert diesen Vorgang in aller Prägnanz (a.a.O. S. 19).

Wer im Beziehungsvorgang steht, der sieht sein Gegenüber losgelöst von dessen gesellschaftlicher Bedingtheit (a.a.O. S. 19) und akzeptiert ihn bedingungslos als Person. Daraus darf man jedoch nicht schließen, daß in einer Bezeihung sich begegnende Menschen in ihren grundsätzlichen Anschauungen und Wertvorstellungen übereinstimmen oder durch die Begegnung zur Übereinstimmung gelangen. Nicht jeden einzelnen Menschen muß man lieben, sondern die Menschen an sich in ihrer allen gemeinsamen Eigenschaft als einmalige, einzigartige Wesen (vgl. BUBER ebd.).

Gefühle haben für den dialogischen Vorgang keine primäre Bedeutung, denn sie geschehen nicht im zwischenmenschlichen Bereich, sondern sie werden von einer Person entweder 'gehabt' oder 'nicht gehabt'. "*Gefühle begleiten das metaphysische und metapsychische Faktum der Liebe, aber sie machen es nicht aus*" (a.a.O. S. 18).

Um eventuellen Mißverständnissen vorzubeugen, muß hier noch erwähnt werden, daß Dialogik und Liebe nach BUBER nicht eins sind, sondern Liebe nur *eine* Art der Beziehung zwischen Menschen ist. So steht für BUBER z. B. "*der ummittelbar Hassende... der Beziehung näher als der Lieb - oder Haßlose*" (BUBER 1923 in 1984, S. 20).

- Ich-Es

Das Grundwort Ich-Es steht für die Welt der Objekte, bei BUBER die Welt der Erfahrung genannt. Im Gegensatz zum Grundwort Ich-Du kann das Grundwort Ich-Es "*nie mit dem ganzen Wesen gesprochen werden*" (a.a.O. S. 7).

In der Es-Welt fragt der Mensch nach der Beschaffenheit der Dinge, nach Ursache und Wirkung, ohne sich selbst als Person in Beziehung zu diesen setzen zu müssen(2). Der Mensch erforscht die Welt, katalogisiert sie und lernt somit, sich in ihr zu orientieren.

Im Gegensatz zur Du-Welt kann sich der Mensch die Es-Welt zuverlässig und berechenbar machen. Alle regelmäßigen Abläufe im täglichen Leben, seien es eine festgelegte Arbeitszeit oder ein strukturierter Stundenplan, fallen demnach in den Bereich der Es-Welt und stellen insofern eine Entlastung und Kräfteersparnis dar, als man sich nicht immerzu grundlegend neu orientieren und entscheiden muß.

Es geht bei BUBER dementsprechend auch nicht um die Frage, ob das Grundwort Ich-Es abzulehnen sei, denn die Es-Welt nimmt gemäß der Welt der Beziehungen den Stellenwert einer anthropologischen Kategorie ein, d.h. auch diese Haltung ist im Menschen von Grund auf angelegt (a.a.O. S. 27).

Die menschliche Doppelnatur lebt in der Spannung dieser Antinomie, und die Kunst des Lebens scheint es nicht etwa zu sein, die Spannung in einer Richtung oder als Synthese aufzulösen, sondern sie *auszuhalten*.

---

(2) BUBER spricht in diesem Zusammenhang vom Menschen als "Eigenwesen", das Pendant hierzu ist die "Person", die zu anderen Personen in Beziehung tritt; vgl. BUBER 1923 in 1984, S. 65.

Denn: "*Ohne Es kann der Mensch nicht leben. Aber wer mit ihm allein lebt, ist nicht der Mensch*" (BUBER 1923 in 1984, S. 38).

2.1.2 Die Phänomene der Ich-Du-Beziehung

Zu dem Wesensmerkmal der Unmittelbarkeit der Ich-Du-Beziehung bleibt noch folgendes zu ergänzen: Unmittelbarkeit bedeutet, sich als das mitzuteilen, was man wirklich ist. Sie meint nicht ein rückhaltloses 'Drauflosreden', wobei man in unkontrollierter Weise alles mitteilt, was gerade in den Sinn kommt.

Worauf es ankommt, ist die *Authentizität* des Seins, die im Gesagten zum Ausdruck kommen soll. Demgemäß schreibt BUBER: "*Es kommt nicht darauf an, daß einer sich vor einem anderen 'gehen lasse', sondern daß er dem Menschen, dem er sich mitteilt, an seinem Sein teilzunehmen gewähre*" (BUBER 1953 in 1984, S. 280).

Daß Authentizität auch zwischen Personen, die an einem Erziehungsprozeß beteiligt sind, von außerordentlicher Bedeutung ist, wird im Fortlauf der Arbeit noch zu zeigen sein.

Hand in Hand mit der Unmittelbarkeit gehen die Eigenschaften der Gegenwärtigkeit und der Gegenseitigkeit einer Beziehung. Nach BUBER ist die Wirklichkeit des Menschen nur im konkreten Augenblick der Beziehung erlebbar, und zwar nur dadurch, daß beide Personen an der jeweils anderen wirken(3).

Um den anderen Menschen aber sehen zu können als das, was er ist, muß als conditio sine qua non die Anerkennung seines grundsätzlichen Andersseins gelten. BUBER spricht in diesem Zusammenhang von einer "*ontischen Uranderheit*" (vgl. FABER 1960, S. 72).

Dies hat nichts mit Wahl aus Sympathie zu tun, sondern stellt ein Zugeständnis an das 'Sosein' des anderen und damit eine vorwegnehmende Respektbekundung an dessen Person dar.

---

(3) Vgl. BUBER 1923 in 1984, S. 19.
Die höchstmögliche Steigerung der Gegenseitigkeit ist die "Umfassung" oder "Erfahrung der Gegenseite", die die gemeinsame Situation von beiden Polen aus erfahrbar macht. Dies Phänomen soll jedoch erst im pädagogischen Kontext näher erörtert werden.

Weiterhin ist jede echte Beziehung vom Moment der Ausschließlichkeit geprägt. Im Augenblick der Begegnung existiert für die Beteiligten nur das jeweilige Du. BUBERs Beschreibung lautet: " ... *nachbarnlos und fugenlos ist er* (mein Gegenüber, Anm. d. Verf.) *Du und füllt den Himmelskreis*" (BUBER 1923 in 1984, S. 12).

Dieses Phänomen wird jedoch gleich anschließend durch die - für BUBER nicht untypische - dialektische Betrachtungsweise relativiert: "*Nicht als ob nichts andres wäre als er: aber alles andre lebt in **seinem** Licht*" (ebd. ; Hervorh. d. Autorin).

Ist nun eine Ich-Du-Beziehung von den vorausgegangenen Komponenten bestimmt, dann kann darauf ein besonders intensives Wahrnehmen des anderen, die *Vergegenwärtigung*, aufbauen.

Vergegenwärtigung bedeutet nicht nur ein bloßes Anschauen, sondern beschreibt den Prozeß des "*Innewerdens*" einer anderen Person in ihrer Ganzheit und ein gleichzeitiges Aufnehmen dessen "*in die eigene Präsenz*" (vgl. FABER 1960, S. 86).

Ziel ist es, zum Kern des Menschen vorzudringen und diesen in dem soeben geschaffenen Bereich des Zwischenmenschlichen wirklich werden zu lassen. In diesem Moment ist der andere kein Betrachtungsgegenstand, sondern ein Teil der eigenen Wirklichkeit: "..., *ich habe mit ihm zu tun bekommen*" (BUBER 1932 in 1984, S. 152).

Das Innewerden bezeichnet BUBER als die Betrachtungsweise des Dialogischen (vgl. a.a.O. S. 153).

Das Dialogische selbst wird bei ihm als die Entfaltung des Zwischenmenschlichen definiert (vgl. BUBER 1953 in 1984, S. 276). In diesem Bereich des Zwischenmenschlichen vollzieht sich nun der Vorgang, den BUBER mit der These "*Der Mensch wird am Du zum Ich*" umschreibt: Ein jeder aktualisiert die Kräfte des ihm gegenüberstehenden Du ("*Erschließung des Du*") und bietet ihm in diesem Akt seine "*Hilfe zum Selbstwerden*" an (vgl. FABER 1960, S. 88).

Der Mensch, der als von Grund auf ergänzungsbedürftig angenommen wird, erfährt hier eine Erweiterung und Förderung seiner Person, ohne daß seine Eigenständigkeit verloren geht.

Auch wenn BUBER bei der Schilderung dieses Vorgangs in der ihm eigenen abstrakten und metapherreichen Sprache verweilt und sich damit dem Vorwurf der Unkonkretheit nicht ganz entziehen kann(4), so denke ich doch, daß das beschriebene Phänomen der "*Erschließung*" in seiner dargestellten Form genügend Relevanz besitzt, um später - in bezug auf den Erziehungsvorgang - wieder aufgegriffen und diskutiert zu werden.

Ein weiteres Phänomen der Ich-Du-Beziehung schließt sich direkt an den Akt der Vergegenwärtigung an: die dialogische Verantwortung. Verantworten meint bei BUBER kein moralisches Postulat, sondern eine grundsätzliche Entscheidung, auf die 'Anrede'(5), die einem Menschen widerfährt - was natürlich wiederum die Bereitschaft voraussetzt, die Umwelt wahrzunehmen und die Anrede zuzulassen - , zu antworten.

Denn: "*Echte Verantwortung gibt es nur, wo es wirkliches Antworten gibt*".

Lasse ich mich nun auf die dialogische Beziehung mit einem anderen Menschen ein, vergegenwärtige ihn mir in der zuvor umschriebenen Weise und erkenne die Anrede oder Frage, die artikuliert oder auch nonverbal an mich gerichtet sein kann, so ist meine "*Haltung noch nicht entschieden*" (BUBER ebd.). Ich gehe erst in dem Moment ganz in die zwischenmenschliche Situation ein, in dem ich mich zur Entgegnung entschließe, d.h. die Situation ver-antworte. Ich stelle mich somit dem Anspruch meines Gegenüber, auf sein Seinsbedürfnis einzugehen und ihm zu antworten.

Nach FABER ist "*Verantwortung der in den Bereich des Dialogischen übersetzte Tatgedanke Bubers*" (FABER 1960, S. 92). Hier wird deutlich, daß das Dialogische eben auch und zuletzt die "*Realität notwendigen Einander-Helfens*" bedeutet (FABER ebd.); zugleich wird der direkte Bezug erkennbar zwischen dem anthropologischen Fundament der BUBERschen Philosophie und der differenzierten Ausgestaltung des Dialogischen Prinzips.

Durch die Forderung aktiven helfenden Beistands in Form des Antwortens und Ver-antwortens gewinnt das Dialogische Prinzip an Prägnanz; zudem tritt seine Relevanz für die pädagogische Praxis stärker hervor.

---

(4) Im Zusammenhang mit der Vergegenwärtigung spricht Buber von der "*Gabe der Realphantasie*" als eines sich "*kühn und fluggewaltigen Einschwingens in Andere*"; vgl. BUBER 1953 in 1984, S. 286.

(5) Anrede ist nicht auf die menschliche Sprache beschränkt, sondern universell zu verstehen als alles, was die Schöpfung hervorgebracht hat und sich an den Menschen richtet; vgl. BUBER 1932 in 1984, S. 161/162.

2.1.3 Aktualität und Latenz des Dialogischen

Aus der vorausgegangenen Schilderung des entscheidenden Augenblicks der Vergegenwärtigung und Verantwortung läßt sich bereits erahnen, daß diese Situation der intensiven Konzentration auf ein Gegenüber nicht von Dauer sein kann.

Nach der gegenseitigen 'Verwirklichung' der beteiligten Personen *müssen* sie nach BUBER sogar die Du-Welt verlassen und wieder in die Es-Welt - "*als Gegenstand unter Gegenständen*" (vgl. BUBER 1923 in 1984, S. 21) - zurückfallen.

Er nennt dies die "*erhabene Schwermut unseres Loses, daß jedes Du in unsrer Welt zum Es werden muß*"[(6)].

Dieses Prinzip besitzt jedoch keine Gültigkeit in dem Sinn, daß Personen, die vom gegenwärtigen Du wieder zum 'Er' oder 'Sie' wurden, niemals mehr in die Welt der Beziehung eintreten können.

Genauso wie die dialogischen Momente nicht von Dauer sind, bezeichnet die Zeit, die man 'in der Dinghaftigkeit verweilt', eine Zeit des Übergangs, des sich Ausruhens oder Sammelns und Bereitwerdens für ein neues dialogisches Verhältnis.

BUBER nennt diesen Vorgang den 'Wechsel von Aktualität und Latenz'.

Der Aktualität der gegenwärtigen Begegnung steht die Latenz als eine Zeit gegenüber, die BUBER folgendermaßen beschreibt:

"*Solange ich es kann* (den Menschen als eine Summe von Eigenschaften, zerlegbar und einreihbar, zu sehen; Anm. d. Verf.), *ist er* (dieser Mensch; Anm. d. Verf.) ***mein Du nicht mehr und noch nicht wieder***" (BUBER 1923 in 1984, S. 21; Hervorhbg. d. Verf.).

Und doch spricht BUBER an anderer Stelle von einer "*unterirdischen Dialogik*", die auch in den Phasen der Latenz anhält (vgl. BUBER 1925 in 1986, S. 41).

Die Beziehung muß also nicht unmittelbar mit dem Austritt aus derselben enden, sondern kann unterschwellig fortbestehen. Der strenge Wechsel zwischen Du-Welt und Es-Welt wird dadurch relativiert, daß "*nicht die*

(6) BUBER a.a.O., S. 20.
Die einzige Ausnahme ist das ewige Du Gottes, das "*seinem Wesen nach nicht Es werden kann*" (BUBER 1923 in 1984, S. 113).

Beziehung es ist, die notwendig nachläßt, aber die Aktualität ihrer Unmittelbarkeit" (BUBER 1923 in 1984, S. 100).

Aufgrund dieser Relativierung kann man die Phasen der Aktualität und Latenz durchaus auch als zwei Stufen der Beziehung auslegen (vgl. FABER 1960, S. 97).

Dies bedeutet zugleich, daß der Welt der Objekte verschiedene Grade des Dialogischen gegenüberstehen(7), die sich allerdings nicht kategorisieren lassen, sondern sich jeweils nach den am dialogischen Prozeß beteiligten Personen richten.

Die Brisanz dieses Gedankens wird im Zusammenhang mit der Darstellung des erzieherischen Verhältnisses (s.u.) sehr deutlich.

2.1.4 Urdistanz und Beziehung

In diesem Abschnitt soll - bezugnehmend auf die anthropologischen Vorstellungen BUBERs vom Doppelprinzip des Menschseins - aufgezeigt werden, daß die Beziehungsfähigkeit des Menschen nicht a priori existiert, sondern auf einer anderen, primären und nur dem Menschen eigenen Fähigkeit basiert.

Die Voraussetzung nämlich, zu einem Gegenüber in Beziehung treten zu können, liegt in einer zuvor geleisteten Abgrenzung der eigenen Person gegenüber der Mit- und Umwelt.

Dieses Abgrenzen nennt BUBER die *Urdistanzierung* (vgl. BUBER 1951, S. 12).

Eine echte Beziehung - ohne Verlust der Eigenheit - kann man demnach nur eingehen, wenn man sich selbst und sein jeweiliges Gegenüber als selbständige, voneinander unabhängig existierende Wesen begreift(8).

Urdistanz und Beziehung nennt BUBER auch die zwei 'Grundbewegungen des Menschen': die erste Bewegung besteht darin, daß der Mensch sich

(7) Die breitere Auffächerung des Dialogischen bedeutet jedoch keine Auflösung der Es-Welt; diese existiert weiterhin. Vgl. hierzu FABER 1960, S. 97

(8) Vgl. hierzu SPITZ: Vom Dialog, 1976.
Spitz benutzt das Wort Dialog als eine präzisere Erfassung des Begriffs der Objektbeziehungen; diese können nur hergestellt werden, wenn das Kind gelernt hat, Belebtes von Unbelebtem zu unterscheiden. Auch hier muß also erst eine Art Abgrenzungserfahrung gemacht werden.

"*gegen die Natur abhebt*", die zweite Bewegung beschreibt, wie er sich dem "*abgerückten Zusammenhang des Seienden*" zuwendet und zu ihm in Beziehung tritt (vgl. BUBER 1951, S. 16).

Die Hinwendung folgert jedoch nicht zwangsläufig aus der Distanzierung: "*Es ist also mit dem In-Erscheinung-Treten der ersten nicht mehr als der Raum für die zweite gegeben*" (a.a.O. S. 20).

Ob der Mensch nun beim Distanzierungsakt stehenbleibt oder ihn "*mit dem Willen zur Beziehung füllt*", ist individuell verschieden.
Daß nach BUBER allerdings erst "*in der Zwiesprache der Mensch aus einem Individuum zur Person wird*", bleibt unumstritten und weist abermals auf dessen Personbegriff hin (vgl. FABER 1960, S. 57).

2.1.5 Die drei Sphären der Beziehung

Der Vollständigkeit halber möchte ich abschließend noch die "*drei Sphären*" aufzeigen, "*in denen sich die Welt der Beziehung errichtet*" (vgl. BUBER 1923 in 1984, S. 10).

Obwohl das Wort 'Dialog' aus dem Bereich der menschlichen Kommunikation stammt und BUBER damit auch in erster Linie das gesprochene Wort zwischen zwei Menschen verbindet(9), betont er doch immer wieder, daß es keineswegs ein Mensch sein muß, zu dem man in Beziehung tritt: "... *; es kann ein Tier sein, ein Gewächs, ein Stein... Nichts kann sich weigern, dem Wort Gefäß zu sein*" (BUBER 1932 in 1984, S. 153).

Dies entspricht der chassidischen Lehre von der Immanenz Gottes in allen Wesen und Dingen.

Die drei Sphären beschreiben zum einen das Leben mit der Natur, des weiteren das Leben mit den Menschen und schließlich das Leben mit den "*geistigen Wesenheiten*" (BUBER 1923 in 1984, S. 10).

Während BUBER allein in bezug auf das Leben mit den Menschen den Begriff der "*vollen Mutualität*"(10) anwendet, bezeichnet er die Beziehung zu

(9) Vgl. u.a. BUBER 1923 in 1984, S. 41 ("Geist ist Wort"), und BUBER 1932 in 1984, S. 144

(10) "*Unter den drei Sphären ist eine ausgezeichnet: das Leben mit den Menschen...Hier allein begegnet das sprachgeformte Wort seiner Antwort. ...Die Beziehungsmomente*"
(Fortsetzung...)

Pflanzen als an der "*Vorschwelle*", die zu Tieren an der "*Schwelle*" und die zur Geistsphäre als an der "*Überschwelle*" der Mutualität stehend (vgl. a.a.O. S. 125).

Die angesprochene Geistsphäre meint allerdings nicht eine direkte Beziehung zu Gott, denn dessen Du ist ja in jedem anderen Du immer auch mitgegenwärtig; was sie stattdessen ausmacht, muß an dieser Stelle offen bleiben, da selbst BUBER sie verbal nicht fassen kann (vgl. a.a.O. S. 126).

Die hier aufgezeigte Haltung gibt erneut einen Einblick in BUBERs Weltverständnis. Die Welt ist Schöpfung und hat als solche 'Wortcharakter'.

Alles, was in ihr existiert, ist es wert, durch den Menschen erhoben, d.h. ver-antwortet zu werden.

2.2 Erziehung und Bildung bei Martin Buber

Im folgenden soll nun auf dem Hintergrund der dialogischen Philosophie das Phänomen der Erziehung erhellt werden.

In den 'Reden über Erziehung' hat BUBER seine "*dialogische Grundanschauung auf pädagogische Fragen angewandt*" (vgl. BUBER 1984, S. 320).

Sein Hauptinteresse gilt hierbei dem Erziehungsverhältnis zwischen Erzieher und Zögling, das er als das wesentliche Konstitutivum des Erziehungsprozesses ansieht.

Der näheren Untersuchung dieses Verhältnisses möchte ich einige Begriffsbestimmungen zum Wesen und den Aufgaben von Erziehung vorausschicken.

(10)(...Fortsetzung)
sind hier, und nur hier, verbunden durch das Element der Sprache, in das sie eingetaucht sind. Hier ist das Gegenüber zur vollen Wirklichkeit des Du erblüht. Hier allein gibt es denn auch als unverlierbare Wirklichkeit Schauen und Geschautwerden, Erkennen und Erkanntwerden, Lieben und Geliebtwerden". BUBER 1923 in 1984, S. 104.

2.2.1 *Das Wesen der Erziehung und die Person des Erziehers*

Auf die Frage nach dem Wesen der Erziehung antwortet BUBER:

"*Was wir Erziehung nennen, die gewußte und gewollte, bedeutet Auslese aus der wirkenden Welt durch den Menschen; bedeutet, einer Auslese der Welt, gesammelt und dargelegt im Erzieher, die entscheidende Wirkungsmacht verleihen*" (BUBER 1925 in 1986, S. 24).

Während außerhalb des Erziehungsverhältnisses eine Art "*All-Erziehung*" (vgl. BUBER ebd.) durch Natur und Gesellschaft stattfindet, unterscheidet sich die so definierte Erziehung dadurch, daß der Erzieher bewußt das in sich aufnimmt, was er als vermittlungswürdig und wesentlich erachtet und nach der 'Verarbeitung und Aufbereitung' durch seine Person dem Zögling entgegenhält.

"*So wird die Welt erst im Erzieher zum wahren Subjekt ihres Wirkens*" (BUBER 1925 in 1986, S. 24); der Erzieher tritt also als Repräsentant der Wirklichkeit auf und versucht, diese durch seine Person dem Zögling nahezubringen.

Obwohl der Prozeß des Auswählens und Auswertens im Erzieher bewußt und mit Absicht vollzogen wird, geschieht das Nahebringen dessen in der Form eines Angebots und ohne konkrete pädagogische Intention: Der Erzieher verfehlt nämlich den Empfänger, wenn er die getroffene Auslese der Welt dem Zögling "*in der Gebärde eines Eingriffs erscheinen läßt*" (vgl. a.a.O. S. 25). BUBER spricht daher auch von der Erziehung als einer "*Einwirkung*" auf den Zögling (a.a.O. S. 22).

Für W. TISCHNER tut sich hier eine Antinomie von pädagogischer Absicht und dialogischer Beziehung auf (vgl. TISCHNER 1985, S. 184). Es wird vom Lehrer zu gleichen Teilen verlangt, Erziehung einerseits als absichtsvolles Tun zu begreifen, den Erziehungsprozeß jedoch andererseits nicht durch eine pädagogische Absicht zu zerstören. Faßt man den Begriff der pädagogischen Absicht als konkrete, situationsgebundene Handlungsabsicht, stellt sich die Antinomie als nicht auflösbar dar: Das Phänomen der unmittelbaren Begegnung schließt jegliche Intentionalität aus.

Versteht man die pädagogische Absicht hingegen als grundsätzliche innere Haltung des Erziehers, wird die beschriebene Antinomie zwar nicht aufgelöst, aber doch mindestens entschärft.

An die Person des Erziehers als Vermittler zwischen Welt und Zögling wird ein hoher Anspruch gestellt, der m.E. Nicht nur der Akt der Vermittlung von

Inhalten oder die Einwirkung erfordern ein großes Maß an Anteilnahme und Akzeptation in bezug auf den Zögling, sondern auch der zuvor im Stillen geleistete Prozeß des Auswählens und Abwägens im Hinblick auf diejenigen 'Kräfte', die genau dieser Zögling "*zum Aufbau seines Wesens braucht*" (vgl. BUBER 1925 in 1986, S. 45).

BUBER nennt den letztgenannten Prozeß die *Selbsterziehung des Erziehers*, die dieser immer wieder zu leisten hat.

"*Indem der Erzieher so Mal um Mal gewahr wird, was dieser Mensch in diesem Augenblick braucht und was nicht, führt es ihn immer tiefer in die Erkenntnis, was der Mensch braucht, damit er werde; aber auch in die, was er, der 'Erzieher', von dem Gebrauchten zu geben vermag, was nicht - was schon, was noch nicht*" (BUBER ebd.).

Daraus ergibt sich, daß nicht nur der Zögling am Erzieher wächst, sondern - dem Prinzip der dialogischen Gegenseitigkeit entsprechend - ebenso der Erzieher durch die Person des Zöglings eine Steigerung seiner Selbsterkenntnis und Dialogfähigkeit erfährt.

W. FABER spricht in diesem Zusammenhang vom "*Prinzip bildender Rückwirkung der personalen Gegenseitigkeit auch und gerade für den Lehrer*" (FABER in J. SPECK, 1967, S. 108).

Der Maßstab des erzieherischen Handelns liegt allein in der Ver-antwortung der Welt und der Ver-antwortung des dem Erzieher anvertrauten Zöglings; der Erzieher muß also, um sein Tun nicht der Gefahr der Willkür auszusetzen, die Bereitschaft und die Fähigkeiten besitzen, die als unabdingbare Voraussetzung zum Eingehen einer dialogischen Beziehung gelten (vgl. hierzu Punkt 2.1.2 in dieser Arbeit).

Die Frage, ob Erziehung überhaupt notwendig ist, beantwortet BUBER in seinem Menschenverständnis von der grundsätzlichen Ergänzungs- und Erziehungsbedürftigkeit desselben.

Das Kind sieht BUBER mit zwei Trieben ausgestattet: Dem *Urhebertrieb* und dem *Trieb nach Verbundenheit.*

Unter dem Urhebertrieb versteht er das Verlangen des Kindes, "*einen eigenen Anteil am Werden der Dinge zu haben*" (vgl. BUBER 1925 in 1986, S. 16). Dieser Trieb steht für die Selbständigkeit und den Wunsch nach Abgrenzung des Selbst und kommt m.E. dem Phänomen der Urdistanz recht nahe.

Die Freilegung dieses Triebs ist für BUBER die notwendige Voraussetzung für die Erziehung, jedoch nicht schon diese selbst. Es genügt seiner Ansicht nach nicht, das Kind als eigenständig zu akzeptieren, sondern man muß diesen freigelegten Kräften etwas bieten, woran sie sich positiv entfalten und ihr Selbst herausbilden können.

Dieses Etwas sind die erzieherischen Kräfte; "*von ihnen hängt ab, welche Verbindungen das ausgelöste Element eingeht*" (a.a.O. S. 18/19). Der Urhebertrieb darf also nicht sich selbst überlassen bleiben, sondern muß "*zum Anteil an einer Sache und zum Einstand in die Gegenseitigkeit geführt werden*" (BUBER ebd.).

Das Ziel der Erziehung, die Personwerdung, liegt in der Erfüllung des Triebs nach Verbundenheit: Denn nur am Du wächst und reift der Mensch.

2.2.2 Die Aufgabe der Erziehung

Mehr als von einem Erziehungsziel spricht BUBER von der Aufgabe der Erziehung. Diese besteht darin, an der Ausbildung des Charakters des Zöglings dergestalt mitzuwirken, daß dieser zu einer "*Einheit des persönlichen Seins gelangt*" (vgl. BUBER 1939 in 1986, S. 88).

"*Charakter*"- oder "*Ganzheitserziehung*" bedeutet bei BUBER die Gestaltung der Vielfalt des Charakters zur "*dynamischen Einheit*" desselben (ebd.).

"*Einen großen Charakter nenne ich den, der durch seine Handlungen und Haltungen den Anspruch der Situation aus einer tiefen Bereitschaft zur Verantwortung seines ganzen Lebens erfüllt, und so, daß sich in der Gesamtheit seiner Handlungen und Haltungen doch auch die Einheit seines Wesens, seines verantwortungswilligen Wesens bekundet*" (BUBER 1939 in 1986, S. 84).

Was nun die inhaltlichen Zielsetzungen betrifft, äußert sich BUBER ablehnend gegenüber allen gesellschaftlich gesetzten Normen und Maximen.

Menschliche Zielsetzungen gehörten in den Zusammenhang der jeweiligen Geschichte und könnten, wenn überhaupt, dann nur im jeweiligen Zeitalter Geltung beanspruchen[11].

---

(11) Vgl. BUBER 1925 in 1986, S. 47.

(Fortsetzung...)

Die Haltung BUBERs muß man auf dem Hintergrund seiner eigenen Zeitepoche sehen. Diese nennt BUBER eine "*gestaltlose und sich entformende*" (vgl. HUBER 1959, S. 23), die jeder richtungweisenden Ausrichtung entbehrt.

Gerade in einer solchen Zeit hält er es für außerordentlich wichtig, sich auf das Verhältnis zum eigenen Selbst zu besinnen und "*personhafte Verantwortung für Leben und Welt (zu spüren)*" (BUBER 1939 in 1986, S. 86).

Der Zögling soll einerseits gegen den von BUBER immer wieder angeprangerten "*Moloch des Kollektivismus*" (a.a.O. S. 77) gefeit werden, andererseits auch nicht dem Individualismus, in dem die zwischenmenschliche Wirklichkeit nicht zur Entfaltung kommen kann, anhängen(12).

Der vermeintliche Gegensatz von Individuum und Kollektiv kann durch den dialogischen Erziehungsbegriff insofern überwunden werden, als die "*echte Charaktererziehung*" nach BUBER die "*echte Erziehung zur Gemeinschaft darstellt*" (BUBER 1939 in 1986, S. 89).

In bezug auf die Erfüllung der genannten Erziehungsaufgabe stellt sich nun noch die Frage nach dem 'Wie'.

Nach BUBER gibt es nur einen Zugang zum Zögling: dessen Vertrauen.

In der Sphäre des Vertrauens kann der Zögling den Erzieher als Person annehmen (vgl. BUBER 1939 in 1986, S. 70). Vertrauen schafft der Erzieher wiederum einzig dadurch, daß er als Person unmittelbar am Leben des Zöglings teilnimmt und es, soweit es ihn betrifft, ver-antwortet.

Die Atmosphäre des Vertrauens bedeutet jedoch nicht Konfliktfreiheit(13); im Gegenteil nennt BUBER den Konflikt mit dem Zögling "*die höchste Probe des Erziehers*" (BUBER 1939 in 1986, S. 72).

---

(11)(...Fortsetzung)
Es gibt für BUBER jedoch - unabhängig von den menschlichen Normen - "universale Werte" von unbedingter Geltung; dieser "ewigen Werte", die er nicht konkreter beschreibt, wird der Mensch aber erst gewahr, wenn er das verstörte Verhältnis zu seinem eigenen Selbst erkennt. (Vgl. hierzu: BUBER 1939 in 1986, S. 74/78)

(12) BUBER weist den Individualismus-Vorwurf zurück; vgl. BUBER 1939 in 1986, S. 88.

(13) Auch für die erzieherische Situation, die eine Form der dialogischen Beziehung darstellt, verwahrt sich Buber gegen die Schlußfolgerung, Übereinstimmung zwischen den Partnern sei ihr Ergebnis oder Ziel.

2.2.3 Dialektik der Erziehung

Im letzten Abschnitt ist bereits der dialektische Charakter der Erziehung angeklungen, auf den ich hier kurz eingehen möchte.

Bei BUBER bedeutet Erziehung, dem anderen Menschen dazu zu verhelfen, daß er er selbst werden, sich selbst verwirklichen kann. Man könnte sie auch Hilfe zur Selbsthilfe oder Erziehung zur Selbstbestimmung nennen. Ist der Mensch dann durch die Erziehung zu einem freien, autonomen Subjekt avanciert, liegt es in seiner anthropologischen Bestimmung, daß er sich seiner Umwelt und seinen Mitmenschen zuwendet und die Gemeinschaft sucht.

So stellt die gewonnene Freiheit für BUBER die Möglichkeit dar, in die Verbundenheit eintreten zu können.

Auf eine 'knappe Formel' gebracht stellt Erziehung den Prozeß dar, in dem der Mensch durch die Beziehung zum 'Ich' wird, um dann als selbständiges Ich erneut eine Beziehung eingehen zu können. Erziehung spielt sich also zwischen den Gegensätzen gegenseitiger Abhängigkeit und Autonomie ab.

Die Prinzipien Urdistanz und Beziehung, die den "*Trieben*" nach Urheberschaft und Verbundenheit je entsprechen, stellen jedoch keine polaren, sondern dialektische Gegensatzpaare dar.

Die Dialektik wird bei BUBER in der Vorstellung einer Gesellschaft überwunden, deren Mitglieder als Individuen in echter Gemeinschaft miteinander leben.

"*Sie* (die Ich-Du-Beziehung, Anm. d. Verf.) *bildet die Keimzelle einer strukturerneuerten Gesellschaft*" (TISCHNER 1985, S. 41).

Die Gemeinschaft wächst, ohne daß die einzelnen Mitglieder ihre Identität einbüßen.

Diese Utopie des gesellschaftlichen Zusammenlebens verleiht der BUBERschen Pädagogik - im Vergleich zu den bei uns vorherrschenden Funktionen von Schule und Erziehung - einen tieferen, fast transzendierenden Sinn.

2.3 Die Dialogik des erzieherischen Verhältnisses

Das Erzieherische oder das erzieherische Verhältnis beschreibt bei BUBER das Zweierverhältnis zwischen einem Erzieher und einem Kind. Das Wort Verhältnis deutet Gegenseitigkeit an, drückt das "*Prozeßhafte und Doppelseitige des Erziehungsgeschehens (aus)*" (vgl. FABER 1960, S. 110). NOHL nennt dies die "*Grundlage der Erziehung*" (NOHL zit. nach FABER, 1960, S. 110).

Da das Dialogische Prinzip ein Seinsprinzip des Menschen darstellt und vom grundlegenden Beziehungsbedürfnis ausgeht, soll es im folgenden auf seine Bedeutung für die Beziehung zwischen den am Erziehungsprozeß Beteiligten hin untersucht werden.

Obwohl Erzieher und Zögling in ihrer Persönlichkeitsentwicklung auf verschiedenen Stufen stehen, stellt der Zögling "*als zu vollem Personsein bestimmtes Geschöpf*" ein ebenbürtiges Sein dar; FABER spricht auch von einer "*Gleichheit der Seinsebene*" (vgl. FABER 1960, S. 113).

Es stellt sich nun die Frage, ob das Dialogische Prinzip für die Beziehung zwischen den 'ungleichen' Partnern volle Gültigkeit beanspruchen kann, und ob die Charakteristika der Ich-Du-Beziehung auf das erzieherische Verhältnis übertragbar sind.

Wie kann des weiteren die Spannung zwischen den Seins-Prinzipien 'Urdistanz' und 'Beziehung' ausgetragen werden in einer Beziehung, in der der Erzieher auf den Charakter seines Zöglings einwirken will.

Und schließlich: Was fordert ein dialogisches Erziehungsverhältnis vom Erzieher?

2.3.1 Das Element der Umfassung

> "*Ein Verhältnis zweier Personen, das in geringerem oder höherem Maß von dem Element der Umfassung bestimmt ist, mögen wir ein dialogisches nennen*" (BUBER 1925 in 1936, S. 38).

Wie bereits angedeutet, gipfelt das Phänomen der Gegenseitigkeit in dem "*Element der Umfassung*".

"*Umfassung*" oder "*Erfahrung der Gegenseite*" bedeutet nicht nur ein volles Vergegenwärtigen eines Gegenüber, sondern bezeichnet die Erfahrung der gemeinsamen Situation vom anderen Ende her, von der Gegenseite.

Das Ich erlebt die Situation im Augenblick der Umfassung von zwei Seiten aus: Es steht dem Du als selbständiges, abgegrenztes Ich gegenüber und spürt zugleich - von der Warte des Du aus - , wie dieses Ich auf das Du wirkt.

Die Erfahrung der Gegenseite nennt BUBER die "*äußerste Erfahrung*", die zwar nur für einen kurzen Moment durchlebt wird, aber den Gegenüberstehenden für alle Zeit gegenwärtig macht:

"*Es hat eine Transfusion stattgefunden, nach der eine bloße Auswirkung der Subjektivität nicht mehr möglich, dem Täter nicht mehr erträglich ist*" (BUBER 1925 in 1986, S. 37).

Dieses Phänomen darf jedoch nicht mit einer Art 'Hineinversetzen' oder Einfühlen gleichgesetzt werden, da die Umfassung eben nicht einen Verlust der eigenen Konkretheit und ein Ausschalten des Ich bewirkt, sondern die Ergänzung der realen Situation zur vollen Wirklichkeit und somit eine Erweiterung der subjektiven Struktur zur Folge hat.

Ich würde die Erfahrung der Gegenseite auch die 'Komplementär-Erfahrung' nennen, die notwendig ist, um eine Situation voll erfassen zu können.

Je nach Ausprägung dieser Erfahrung unterscheidet BUBER drei Hauptgestalten des dialogischen Verhältnisses.

So kann die Umfassungserfahrung zum einen abstrakt, aber doch gegenseitig sein: Stehen sich in einer Diskussion zwei Menschen unterschiedlicher Anschauung gegenüber und beziehen sich als geistige Personen aufeinander, kann aus der Erfahrung der Gegenseite nicht die volle Wirklichkeit beider entstehen, aber sie führt dazu, daß man den anderen in seinem Sosein akzeptiert, weil man erkennt, wie man selbst in seiner Eigenart und Überzeugung auf ihn wirkt.

Das dialogische Verhältnis zwischen zwei Freunden sowie zwischen zwei am Erziehungsgeschehen Beteiligten geht jedoch im Gegensatz zum erstgenannten von der Umfasung der vollen Wirklichkeit aus. Während innerhalb der Freundschaft volle Mutualität waltet, d.h. beide Partner sich selbst von ihrem Standpunkt wie dem Standpunkt des anderen aus empfinden, ist das Verhältnis zwischen Erzieher und Zögling durch die zwar konkrete, aber einseitige Umfassungserfahrung gekennzeichnet.

Durch die Umfassung erlebt der Lehrer, wie er beim Schüler ankommt, wie sein pädagogisches Handeln "*diesem anderen Menschen tut*" und was er bei seinem Gegenüber auslöst (vgl. KLAFKI in GERNER 1974, S. 83).

"*Der Erziehungsakt wird auf den Urheber zurückgeworfen, der sich damit der Rechtmäßigkeit seines Wollens und Tuns konfrontiert sieht*" (FABER 1960, S. 137).

Die Umfassung, wird sie immer wieder ausgeübt, stellt für den Lehrer eine Art Selbstkontrolle dar; der Maßstab pädagogischen Handelns, das Erkennen der Bedürfnisse und Ansprüche des Schülers gehen aus dieser Erfahrung hervor. Sie ist deshalb die *Grundlage des Erziehungsprozesses.*

Die Erfahrung der Gegenseite ermöglicht aber nicht nur Selbstkontrolle, sondern auch Selbstentdeckung des Lehrers: Am Du des Schülers lernt er seine eigenen Grenzen und Unzulänglichkeiten kennen.

Es widerspräche dem Dialogischen Prinzip jetzt aber, wollte er die Schwächen in der Beziehung zum Schüler verdrängen oder überspielen. In dem Anspruch auf Authentizität der Dialogpartner liegt eine große Chance für den Lehrer, nämlich zu seinen Schwächen stehen zu dürfen und diese bewußt in den Dialog miteinzubeziehen.

Die Selbstkontrolle des Lehrers wird so in zweifacher Weise zum produktiven Faktor der pädagogischen Situation: Zum einen bedeutet sie eine Weiterentwicklung der Lehrerpersönlichkeit z. B. in Form einer größeren Integriertheit seiner Person, zum anderen wird den Bedürfnissen und Nicht-Bedürfnissen des Schülers in bezug auf dessen Selbstwerdung entsprochen. Eine Erziehung, die so dem jeweiligen Schüler angemessen ist, macht diesen fähig, seine eigenen Anteile an der gemeinsamen Situation zu erkennen.

Dies bedeutet, daß durch die Umfassungserfahrung und den Dialog zwischen Lehrer und Schüler im Schüler eine Art 'innerer Dialog' ausgelöst wird. Hier tritt BUBERs Anspruch an die Erziehung als Hilfe zur Selbsthilfe zutage.

Daß die Umfassung jedoch einseitig vom Lehrer ausgeübt wird, ist das Besondere am erzieherischen Verhältnis. Es kommt zwar darauf an, daß sich auch der Schüler in einem Ich-Du-Verhältnis erlebt und den Lehrer als Person wahrnimmt und akzeptiert, jedoch könnte nach der Auffassung BUBERs "*die besondere erzieherische Beziehung nicht Bestand haben, wenn der Zögling seinerseits die Umfassung übte*" (BUBER 1923 in 1984, S. 131).

BUBER spricht davon, daß jedes Ich-Du-Verhältnis innerhalb einer Beziehung, die sich als zielhaftes Wirken des einen Partners auf den anderen darstellt, nur bestehen kann, wenn die Mutualität keine volle ist[(14)].

(14) Vgl. hierzu BUBER 1957 in 1984, S. 132.

(Fortsetzung...)

In einer solchen Beziehung bestehen zwischen den Partnern klare Rollenverhältnisse und Rollenerwartungen.

Es geht also nicht um die Frage, ob der Schüler überhaupt in der Lage ist, die Umfassung bewußt auszuüben (vgl. FABER 1960, S. 140), sondern diese Erfahrung ist ihm - unabhänigig von seinen Fähigkeiten - in der Situation als 'Erzogenwerdender' schlicht verwehrt.

Von seiten des Schülers bleibt also etwas Unüberbrückbares zwischen Schüler und Lehrer bestehen.

Sobald der Schüler Einblick bekäme in das Innerste des Lehrers, dessen inneres Abwägen, dessen Zögern und geheimste Wünsche, würde er sich - so BUBERs Bedenken - gegen die pädagogische Einwirkung sperren.

Die Vermutung liegt nahe, er täte dies aus besserer Einsicht und würde nun die fremden Vorstellungen und Werte aus Angst vor Beeinflussung nicht mehr annehmen.

Eher glaube ich jedoch, daß die Verwischung der Rollen den Schüler orientierungslos machen und insofern überfordern könnte, als er sich nun selbst ver-antworten müßte. Der Mensch, von Grund auf ergänzungsbedürftig, verlangt jedoch in der Phase seiner 'Personwerdung' nach der Ver-antwortung seines Selbst durch andere.

In dieser Hinsicht besteht eine Abhängigkeit in Bezug auf den Lehrer, welcher seinerseits durch dies Verhältnis dem Schüler zur Autonomie verhelfen will. BUBER nennt diese Situation die "*paradoxe Rechtmäßigkeit des Erziehers*" (BUBER 1925 in 1986, S. 44).

Für den Schüler ist demnach nicht der innere Dialog im Lehrer bestimmt, sondern das gereifte Resultat dieses Dialogs.

Die 'Auslese der wirkenden Welt' geschieht im Erzieher, das ist seine erste Aufgabe, noch bevor es zur konkreten Interaktion mit dem Schüler kommt.

"*Heilen wie erziehen kann nur der gegenüber Lebende und doch Entrückte*" (BUBER 1923 in 1984, S. 132). Im großen und ganzen stimme ich BUBERs Schlußfolgerungen zu, wenn er sagt, daß das spezifische erzieherische Verhältnis enden würde, wenn der Schüler den Erziehungsprozeß bewußt von

---

(14)(...Fortsetzung)
BUBER zieht hier neben dem erzieherischen Verhältnis auch das Arzt/Patient- sowie das seelsorgerische Verhältnis zur Erläuterung heran: Auch hier würde das "heilende" Verhältnis enden, sobald der Patient oder Gläubige die Situation von der Seite des Arztes oder Geistlichen aus erfahren würde.

der Warte des Lehrers aus erlebte. Ich würde die Gegenseitigkeit dieser Erfahrung jedoch nicht völlig vom Erziehungsgeschehen ausschließen.

Ich denke, daß es durchaus Augenblicke gibt, in denen der Schüler zum einen erahnt, was er selbst für den Lehrer bedeutet, zum anderen dem Lehrer aktiv hilft, wenn dieser in seinen Vermutungen bezüglich der Schüler-Bedürfnisse 'falsch liegt'.

Nach BUBER würde in einem solchen Fall "*das erzieherische Verhältnis zersprengt oder es wandelte sich zur Freundschaft*" (vgl. BUBER 1925 in 1986, S. 44).

Auf die Frage, ob das erzieherische Verhältnis demnach ein rein dialogisches sei, antwortet BUBER ohne Einschränkung mit ja.

Die Gültigkeit des Dialogischen ist bei ihm nicht von dem doppelten Akt der Umfassung abhängig; "*Beziehung kann bestehen, auch wenn der Mensch, zu dem ich Du sage, in seiner Erfahrung es nicht ver-nimmt*" (BUBER 1923 in 1984, S. 13).

Es gibt hierzu jedoch auch gegenteilige Stimmen. So ist F. BELKE (BELKE 1963, S. 286) z.B. der Meinung, daß Erziehung sich nicht nur im Bereich der Beziehung abspiele, sondern auch eine normative Ebene habe.

Da die Kinder u.a. an die Normen herangeführt und ihnen 'möglichst angeglichen' werden sollen, vertrage sich dieser Aspekt nicht mit dem Phänomen des Anerkennens des "*Anders- und Soseins*" des gegenüberstehenden Menschen. Für BELKE sind das pädagogische und das dialogische Verhältnis zwei verschiedene Bereiche und auch nicht voneinander ableitbar.

Besonders deutlich sieht BELKE diese Diskrepanz in bezug auf die institutionelle Erziehung. So unterscheide sich das pädagogische Verhältnis im Schulunterricht von einem rein dialogischen dadurch wesentlich, daß es unter einem Sachauftrag, unter den Primat der Sachgebundenheit stehe.

Im Unterricht wird die Zweipoligkeit Lehrer-Schüler durch ein Drittes, die Sache, zur Dreipoligkeit erweitert.

Während neben BELKE auch SCHORB auf der Trennung des Sach- und Beziehungaspekts in Erziehung und Unterricht besteht (vgl. TISCHNER 1985, S. 55), wird dieses Thema der Spannung zwischen dialogischer Begegnung und Sachanspruch bei BUBER eher vernachlässigt. Er spricht zwar auch von Du- und Es-Momenten in der Erziehung, versucht jedoch durch das Prinzip von Aktualität und Latenz auch die Es-Momente in die Dialogik zu integrieren.

Dialogik erscheint hier also nicht als statischer, absoluter Begriff, sondern muß als ein relatives Konstrukt gesehen werden.

An anderer Stelle führt BUBER das Prinzip des "*quantum satis*" an, wenn es darum geht, im Geiste der Dialogik Sachaufgaben zu erfüllen (vgl. BUBER 1923 in 1984, S. 191).

Die Aufgaben können danach im Sinne der Dialogik eben nur soweit bearbeitet werden, wie die äußeren Umstände und die Beschaffenheit der Sache selbst es zulassen. BUBER geht es denn auch um den "*Durchbruch*" und nicht "*um die Vollkommenheit*" (BUBER ebd.).

2.3.2 Erziehung bedeutet Askese

Hier soll der Frage nachgegangen werden, warum das Moment der Selbstkorrektur für das erzieherische Verhältnis so wichtig ist.

Oder anders formuliert: Was verhindert die Selbstkorrektur, wodurch das erzieherische Verhältnis belastet oder seinem Gegenstand entfremdet würde?

Bei FABER ist die Rede von "*wesensfremden Elementen*", die sich auch "*bei völlig legitimer dialogischer Absicht*" in den erzieherischen Akt mischen können (FABER 1960, S. 137).

Als wesensfremde Elemente gelten die "*Leidenschaften der Seele*", bei BUBER die Triebe "*Eros*" und "*Machtwille*" genannt (BUBER 1925 in 1986, S. 30).

Erzieht man nach dem Prinzip Macht, so will man den Schüler beherrschen und unterwerfen. Erziehung, der das Prinzip Eros zugrunde liegt, zielt darauf ab, die eigenen (intimen) Sehnsüchte im Umgang mit dem Kind zu stillen.

Während im ersten Fall der Schüler als 'Eindringling' in die tradierte Welt empfunden und nur akzeptiert wird, wenn er diese bedingungslos annimmt, steht dem Schüler im zweiten Fall der Lehrer nicht mehr als 'Abgesandter', sondern als Einzelperson mit all ihren Wünschen und Hoffnungen gegenüber. 'Machtwille' manifestiert so das Machtgefälle zwischen den Rollenträgern Lehrer und Schüler, wohingegen 'Eros' die Rollen verwischt und die Partner 'gleichstellt'. Eros ist nicht auf geheime erotische Ambitionen beschränkt, sondern kann auch den Wunsch meinen, vom Schüler verstanden und bestätigt werden. Die private Sphäre des Lehrers vermischt sich mit der Aufgabe des Erziehers (vgl. BUBER 1925 in 1986, S. 34).

Nach dem Prinzip des Eros handeln bedeutet Handeln aus Abneigung und Zuneigung; Erziehung heißt jedoch nicht, sich allein denjenigen Schülern zu widmen, zu denen man sich emotional hingezogen fühlt, sondern für alle präsent zu sein.

BUBER vergleicht den Lehrer mit einem Statthalter Gottes; die Gesamtheit seiner Schüler ist ein Spiegelbild der Schöpfung(15), wovon jeder einzelne es wert ist, gesehen und ver-antwortet zu werden.

"*Eine hohe Askese bedeutet also das Erzieherische*" (BUBER 1925 in 1986, S. 34) schließt sich hier in seiner ganzen Bedeutung auf.

Es hieße jedoch BUBER mißverstehen, würde man ihm unterstellen, er streite in einer puritanischen Haltung jede Möglichkeit einer dem Zögling gerecht werdenden Erziehung auf der Basis der genannten Triebe ab.

Vielmehr komme es darauf an, daß der Erzieher seinen Trieb erkenne und ihn "*verwandle*" (a.a.O. S. 36).

Dies kann nur durch die Erfahrung der Gegenseite bewirkt werden, in der der Erzieher selber spürt, wie seine eigenen narzißtischen Bedürfnisse auf den Schüler treffen. Die Umfassungserfahrung hilft dem Erzieher, die aktuelle, reale Beziehung zum Schüler wiederherzustellen.

Durch die Umlenkung oder Erhöhung des Triebs schafft der Erzieher erst Raum für die Entfaltung des Zwischenmenschlichen.

Die asketische Haltung widerstrebe keineswegs der "*Innigkeit persönlichen Erfassens und Durchdringens, wohl aber der Vermischung der Eigensphäre der Personen*" (vgl. a.a.O. S. 34).

Der Erzieher muß also in der Lage sein, die pädagogischen Interaktionen zu analysieren und zu reflektieren, um der Gefahr gegenseitiger Projektionen und Übertragungen zu widerstehen. Das Prinzip der Urdistanz verlangt die Beachtung der Persongrenze als Voraussetzung für die Beziehung.

---

(15) "*Denn in der Vielfalt und Vielfältigkeit der Kinder stellt sich ihm eben die der Schöpfung dar.*" (BUBER 1925 in 1986, S. 33)

2.3.3 Die Präsenz des Erziehers

Da das pädagogische Verhältnis vom Dialogischen Prinzip bestimmt ist, unterliegt auch dieses - wie alle anderen Ich-Du-Beziehungen - dem Wechsel zwischen Aktualität und Latenz. Wenn man verlangte, daß das Dialogische gleichmäßig andauern soll, würde dies bedeuten, daß der Lehrer sich ununterbrochen mit einem bestimmten Schüler befaßt.

Dies ist jedoch schon aus insitutionellen Gründen nicht möglich, da der Lehrer sich einer ganzen Schulklasse gegenüber sieht. Er muß also versuchen, die "*unterirdische Dialogik*" in der Praxis umzusetzen.

Auch wenn der Lehrer sich nicht die ganze Zeit über einem bestimmten Schüler zuwendet, so muß dieser doch die Zuversicht haben, daß der Lehrer *da ist,* d.h. verfügbar und ansprechbar für den Schüler, wenn dieser ihn braucht.

Der Lehrer muß also dem Schüler präsent bleiben, selbst wenn er zwischenzeitlich 'abwesend' ist.

Die *Präsenz* des Lehrers ist somit bei BUBER auch das Wichtigste in der Erziehung; sie bedeutet für das Kind eine Konstante in seinem Leben und vermittelt ihm das Gefühl von Kontinuität.

"*Um an der Seele dauern und wachsen zu können, braucht das Kind das Stetige, das Verläßliche. Da muß etwas sein, das nicht versagt*" (BUBER zit. nach FABER, 1960, S. 154).

Daß es Menschen gibt, die für es da sind, ist die grundlegende Erfahrung, die das Kind machen muß. Dadurch schöpft es Vertrauen und gelangt zu einem positiven Weltbild: Die Welt wird ihm in der Person des Erziehers als etwas Zuverlässiges und Einschätzbares dargeboten.

So bezeichnet BUBER das "*Vertrauen zur Welt*" auch als das "*innerlichste Werk des erzieherischen Verhältnisses*" (BUBER 1925 in 1986, S. 40).

Wie aber kann der Lehrer es bewirken, daß er dem Schüler präsent wird und dieser zu ihm Vertrauen faßt?

Nach BUBER muß der Lehrer die Präsenz des Kindes "*in seinen eigenen Bestand aufgenommen haben*" (BUBER ebd.). Das Kind muß ihm also in seinem Dasein und Sosein gegenwärtig sein, d.h. der Lehrer akzeptiert das Kind in seiner ganzen Eigenheit und bestätigt es als Person.

Er leistet damit quasi einen Vertrauensvorschub in bezug auf seinen Schüler; erst wenn sich dieser der grundsätzlichen Akzeptation seiner Person durch den Lehrer sicher ist, wird er gleichfalls Vertrauen aufbringen.

In diesem Moment des gegenseitigen Vertrauens entsteht die Wirklichkeit des "*Zwischen*" und kann erzieherische "*Erschließung*" stattfinden.

2.4 Zusammenfassung

Den Kerngedanken der Anthropologie BUBERs sehe ich in der Mitmenschlichkeit des Menschen. Danach kann sich der Mensch nur in der Beziehung zum Mitmenschen zu vollem Menschsein entwickeln. Diese Sichtweise vom Menschen gründet in erster Linie in der Vorstellungswelt des Chassidismus, wonach der Mensch sich nur als Teil eines Ganzen versteht und erst in der Gemeinschaft der Wesen vollkommen wird.

Wenn der Mensch sich also nur in der dialogischen Beziehung verwirklichen und vervollkommnen kann, müssen daraus für die Erziehung des Menschen fundamentale Konsequenzen entstehen.

Daher konstituiert die Beziehung zwischen den am Erziehungsprozeß beteiligten Personen - neben allen Sachaufgaben, die das Phänomen der Erziehung miteinschließt - die Erziehung in grundlegender Weise. Der Erzieher muß, als die gereiftere Person, dem Zögling in einer dialogischen Grundhaltung begegnen, d.h. diesem Beziehungsangebote machen. Unerläßliche Voraussetzung des Eingehens einer Beziehung ist die Anerkennung des anderen als eines eigenständigen und einmaligen Menschen. Denn In-Beziehung-Stehen bedeutet nicht Zusammenwachsen und Einswerden, sondern sich gegenseitig in der Selbstwerdung und Selbstfindung zu unterstützen.

Von dieser Gegenseitigkeit ist auch das erzieherische Verhältnis geprägt.

Die Erkenntnis, daß nicht nur der Schüler vom Lehrer lernt, sondern auch der Lehrer am Schüler wächst, scheint mir von grundlegender Bedeutung zu sein. Allerdings sind in dieser Beziehung die Schwerpunkte dahingehend verlagert, daß der Erzieher, als Urheber der dialogischen Situation, eine intensive Vorarbeit zu leisten hat, bevor es überhaupt zur Interaktion mit dem Schüler kommt. Der Erzieher muß den Schüler in dessen Eigenheit und Ganzheit wahrnehmen, um dann eine auf diesen individuell abgestimmte Auswahl aus der Realität zu treffen. Mit Hilfe der Person des Erziehers erfährt der Schüler Realität.

Der Lehrer muß den Schüler so vergegenwärtigen, daß er ihm das anbieten kann, was dieser in seiner konkreten Situation braucht.

Um diesen Vorgang vor der Projektion eigener Bedürfnisse zu schützen, ist die Erfahrung der Gegenseite notwendig. Dies bedeutet ein gleichzeitiges Wahrnehmen und Empfinden der Situation von der eigenen wie von der Warte des Schülers aus. Spürt der Erzieher, wie der Schüler die Erziehung empfindet, wird er erkennen, ob er diesem gerecht wird, oder ob er die Situation mit eigenen narzißtischen Wünschen belastet.

Die Umfassungserfahrung ist das entscheidende Moment im pädagogischen Umgang. Wo sie geleistet wird, wird der Schüler wirklich ver-antwortet.

Er wird in seinem Sosein bestätigt und ernstgenommen, und erst durch diese Erfahrung kann er Vertrauen fassen und sich dem Erzieher öffnen.

So kann nach BUBER echte Erziehung auch nur auf der Grundlage des Vertrauens stattfinden.

Ziel der Erziehung ist es, den Schüler seinerseits zur Verantwortung zu befähigen, ihn dialogfähig zu machen.

Daß er jedoch im kindlichen Alter noch keine existientielle Verantwortung für sich selbst übernehmen muß, empfinde ich als große Entlastung für den Schüler (das Kind).

Durch die wiederholte Umfassung durch den Lehrer wird sich der Schüler des Lehrers gewiß. Er kann sich darauf verlassen, daß der Lehrer da ist, wenn er ihn braucht; in der übrigen Zeit aber waltet die "*unterirdische Dialogik*", der Schüler weiß sich in den Gedanken des Lehrers 'aufgehoben'. In dem so entstandenen Vertrauensverhältnis kann auch der Schüler den Lehrer als Person annehmen und sich an ihm orientieren.

Dialogik bedeutet jedoch nicht, den Schüler vor Auseinandersetzungen zu schonen, sondern im Gegenteil, ihn konfliktfähig zu machen. Konfliktfähigkeit kann sich wiederum nur in einem angstfreien Klima entwickeln.

Nur im Wissen um sein grundsätzliches Angenommensein "*kommt das Kind zu sich selbst*" (vgl. KLAFKI in: GERNER 1974, S. 85).

Denkt man in diesem Zusammenhang an die Praxis in unseren Schulen, in denen Konflikte, die zum großen Teil auf Identitätsproblemen der Schüler beruhen, oftmals mit dem Entzug dessen beendet werden, was bei BUBER als Grundlage jeder Erziehung gilt, tut sich ein eklatanter Widersinn auf zwischen den Erkenntnissen des Dialogischen Prinzips und einem Teil schulischer Realität.

In dem Moment, in dem der Lehrer dem Schüler sein Vertrauen entzieht, ist dieser mit all seinen Fragen auf sich selbst zurückgeworfen. Die Präsenz des Lehrers ist in diesen Fällen nicht gewährleistet, der konstante Bezug zur Realität durch die Person des Lehrers fällt weg.

Dies muß sich besonders im Hinblick auf die sonderpädagogische Klientel katastrophal auswirken, da der Lehrer für diese Kinder oftmals den einzigen Repräsentanten der Realität und der gesellschaftlichen Anforderungen darstellt.

Sie sind in besonderem Maße auf Hilfe angewiesen, wenn es darum geht, sich in die Gesellschaft einzubringen und sich an ihren Regeln orientieren zu lernen. Hierin liegt m.E. die Relevanz der BUBERschen Ideen auch und gerade für die Heilpädagogik.

Im folgenden soll nun herausgearbeitet werden, ob und in welcher Weise die Ideen BUBERs für die Heilpädagogik konkret umzusetzen sind.

Es sollen bereits entwickelte Ansätze auch aus anderen Bereichen der Geisteswissenschaft - ich denke hierbei in erster Linie an die Humanistische Psychologie - aufgezeigt werden, die dem Anspruch einer dialog-orientierten Pädagogik gerecht werden können.

3 Der Geltungsanspruch des Dialogischen Prinzips für die Heilpädagogik

Wenn ein Denker wie Martin BUBER, dessen philosophische und pädagogische Schriften mehrere Jahrzehnte relativ unbeachtet blieben, plötzlich wieder verstärktes Interesse auf sich zieht, so stellt sich die Frage, worin seine wiedererlangte Aktualität besteht.

Obwohl BUBERs dialogische Philosophie vor einem konkreten religiösen und gesellschaftlichen Hintergrund entstand und von diesem stark beeinflußt wurde, scheint sein Plädoyer gegen die Funktionalisierung des Menschen und für die stärkere Gewichtung von Subjektivität und Intersubjektivität auch in der heutigen Zeit Geltung beanspruchen zu können.

BUBERs innerstes Anliegen war Humanität. Ausgehend von der Ich-Du-Beziehung zwischen zwei Menschen als Keimzelle der Gesellschaft hatte er die Utopie von einem dialogisch durchstrukturierten gesellschaftlichen Zusammenleben, in dem das "*soziale Prinzip*" im Laufe der Zeit das "*politische Prinzip*" ablösen könne.

In letzter Konsequenz beinhaltet dies die Vorstellung von einer starken Gemeinschaft, die aus selbstverantwortlichen Individuen besteht und auf den Staat als 'Struktur von oben' verzichten kann.

Sowenig BUBER jedoch eine bestimmte Ideologie vertrat, sowenig läßt er sich heute in der aktuellen erziehungswissenshaftlichen Diskussion der individualistisch- , der sozialisationstheoretisch-orientierten oder der ideologiekritischen Pädagogik zuordnen.

Die Philosophie des Dialogischen Prinzips steht auf politisch 'neutralem' Boden; dies ist vielleicht auch ein Grund dafür, daß BUBER heute von Vertretern verschiedener Wissenschaftsmodelle 'entdeckt' und in Anspruch genommen wird, die in irgendeiner Weise Dialogik, Mitmenschlichkeit oder Begegnung auf ihre Banner geschrieben haben.

Wie BUBER selbst sagt, vertritt er keine Lehre, sondern zeigt nur etwas. "*Ich zeige Wirklichkeit, ich zeige etwas an der Wirklichkeit, was nicht oder zu wenig gesehen worden ist*" (BUBER in SCHILPP/FRIEDMAN 1963, S. 593). Es geht BUBER auch nicht darum, die aus seiner Glaubenserfahrung entwickelten Gedanken einer Beweisführung zu unterziehen. Da er jedoch keine Geltungsansprüche erhebt, ist er auch nur schwer zu widerlegen.

Die Frage stellt sich nun, ob das Dialogische Prinzip in eine Theorie übergehen, ob sich aus diesem Prinzip eine Methode für die Pädagogik entwickeln kann.

Da das Subjekt allein der Maßstab für die menschliche Begegnung ist, wird die Ableitung einer pädagogischen Lehre m.E. geradezu verhindert, würde diese in ihren konkreten Anweisungen und Bestimmungen das Subjekt doch einschränken und zurückdrängen.

Stellt man wie BUBER das Subjekt und die Subjektivität auf solch kompromißlose Weise in den Mittelpunkt seiner Philosophie, kann die pädagogische Wissenschaft daraus höchstens paradigmatische Sätze ableiten; diese bleiben jedoch ihrem Wesen nach nur Maßstab und Orientierung für pädagogisches Handeln.

Dialogik ist in ihrer Unmittelbarkeit und Momenthaftigkeit nicht planbar; sie will gelebt, will praktiziert sein. Es kann daher meiner Meinung nach keine explizite BUBER-Pädagogik geben.

Da der Dialog weiterhin als pädagogisches Paradigma einer Ein- und Abgrenzung z. B. auf die heilpädagogische Klientel entgegensteht, werden im Folgenden auch nicht explizit heilpädagogische Ansätze herangezogen.

Diese werden zunächst - auf dem Hintergrund eventueller gedanklicher Parallelität mit BUBER - reflektiert dargestellt. Im Anschluß geht es um die Möglichkeit einer Umsetzung des Dialogischen Prinzips für die pädagogische Praxis. Hierbei möchte ich aufzeigen, in welcher Weise ich das Dialogische Prinzip für die Heilpädagogik als bedeutend erachte, aber auch, wo meiner Ansicht nach seine Schwachstellen liegen.

Des weiteren soll die Frage diskutiert werden, ob das Dialogische Prinzip eine ausreichende Grundlegung für Erziehung sein kann oder sich etwa als ergänzungsbedürftig herausstellt. Ich denke hierbei an eine etwaige Ergänzung durch Konzepte aus dem Bereich der Humanistischen Psychologie, die daraufhin untersucht werden sollen, ob sie 1. im Sinne der Dialogik pädagogisch verwendbar sind, und 2. der sonderpädagogischen Suche nach philosophischer Untermauerung dienlich sein können.

3.1 Dialog-orientierte (Heil-) Pädagogik

Sucht man im Bereich der Heilpädagogik nach ersten dialog-orientierten Ansätzen, stößt man auf den Namen Paul MOOR. Dieser entwickelte in den 60er Jahren auf dem Hintergrund einer personalistischen Tradition Vorstellungen von der Entwicklung des Menschen als einem Wachsen durch immer erneutes Sich-Bewähren in verschiedensten Situationen.

Den Reifungsprozeß des Menschen umschrieb MOOR mit dem Bemühen um den "*Inneren Halt*" (vgl. SCHNEEBERGER 1979).

Als heilpädagogische Klientel gelten hier Personen, die an den ihnen gestellten Aufgaben nicht wachsen können, sondern darin Hilfe brauchen.

Um den Anspruch einer Sache oder Situation überhaupt wahrnehmen zu können, muß bei MOOR das Gemüt des Zöglings dazu erzogen werden, daß es sensibel wird für diese Ansprache. Dieses Bewähren erinnert an BUBERs dialogische Verantwortung.

Von der Person des Erziehers fordert MOOR Selbsterkenntnis und Selbsterziehung sowie Identität seiner Person (vgl. MOOR 1971). Auch hier sind Parallelen zu BUBER deutlich, wenn dieser von Selbsterziehung und Authentizität des Erziehers spricht und - gleichsam MOOR - damit zum Ausdruck bringt, daß Erziehung nicht an den Subjekten vorbei, sondern durch sie und ihre Subjektivität hindurchführt.

Hierin erschöpfen sich dann aber die gedanklichen Gemeinsamkeiten zwischen MOOR und BUBER. Erst in jüngster Zeit tauchen bereits bei BUBER gedachte Ideen in der Diskussion um einen Paradigmenwechsel wieder auf. Dabei gibt es jedoch keine einheitliche 'Dialogische Schule der Heilpädagogik', kein durchgängiges Prinzip des Dialogischen.

Dialogorientierte Pädagogik muß nach meinem Verständnis von der Grundstruktur des Menschen als eines dialogischen Wesens ausgehen. Hieraus leitet sich ab, daß der Mensch prinzipiell ergänzungsbedürftig ist. Ich würde sogar noch einen Schritt weitergehen und sagen, der Mensch ist darauf angewiesen, von anderen in seiner Existenz bestätigt zu werden.

Die intersubjektive, wechselseitige Beziehung bildet somit das Feld für die personale Entwicklung, das Selbstwerden. Der Mensch wird seiner eigenen Sinngebung und Selbstdefinition gemäß wahrgenommen.

Neben der Subjekthaftigkeit haftet dem Menschen allerdings auch Objektcharakter an. Auch bei BUBER wird der Mensch als ein dualistisches Wesen gesehen, das in einem Spannungsverhältnis zwischen den beiden Grundworten Ich-Du und Ich-Es sein Leben bestreitet.

In seiner Eigenschaft als Objekt wird der Mensch nach seinen äußeren Kriterien definiert, nach feststellbaren Eigenschaften katalogisiert. Er wird unter Teilaspekten betrachtet, unter zweckrationalen Gesichtspunkten beurteilt und diesen als Person unterworfen. Überwiegt die objektivierende Umgangsweise gegenüber einem bestimmten Menschen, droht diesem die Verdinglichung und Absprechung seiner Subjektivität.

Bei 'behinderten' Menschen wird dieser Prozeß fast 'automatisch' eingeleitet: Die sichtbare Behinderung bietet sich als auffällige Objektivierungskategorie geradezu an. Hat die Behinderung auch noch Auswirkungen auf die Kommunikation, findet zudem ein Entfremdungseffekt statt, wie er bei KOBI als "*erwartungswidrige Kommunikation*" umschrieben ist (vgl. KOBI 1983, S. 357).

Betrachtet man diese Prozesse nun im Hinblick auf die Erziehung und versteht man diese wiederum als eine zwischen Subjekten, auf der Subjektebene stattfindende, so kann sich die 'dialogische Frage' nur auf beide am Erziehungsprozeß beteiligten Personen richten.

KOBI formuliert sie folgendermaßen: "*Was ist mir - aus meiner momentanen Lage und Kraft meiner Persönlichkeit - hier und jetzt möglich mit diesem Kind?*" (KOBI 1983, S. 361).

Eine dialogisch verstandene Heilpädagogik muß sich m.E. mit intersubjektiven Beziehungen befassen; ihr Interesse kann nicht auf die Veränderung von Objekten gerichtet sein, sondern muß Veränderungen von Beziehungen im Sinn haben.

In Anlehnung an BUBER schreibt R. SCHÜßLER vom Grundbedürfnis der einzelnen Menschen nach Bestätigung, Vertrauen und Verantwortung; diesem sei nur auf der Beziehungsebene entgegenzukommen (SCHÜßLER in Päd. Rundschau, 1977).

Auch E. KERKHOFF spricht in seinem Aufsatz "*Erziehung als Beziehung*" über die pädagogische Beziehung; sie grenze sich von allen anderen sozialen Beziehungen ab, - "*ihre Eigentümlichkeit liegt in der den ganzen Menschen umfassenden Bejahung*" (KERKHOFF 1981, S. 5).

Von der Erfüllung dieses existentiellen Bedürfnisses hängt es ab, ob die Fähigkeit für das Eingehen weiterer sozialer Bindungen sowie für die Bearbeitung gesamtgesellschaftlicher oder sachbezogener Aufgaben entwickelt wird.

KOBI definiert Dialogik als die "*unmißverständliche, in Praxis und Theorie durchgehaltene Verantwortung des Subjekts*" (KOBI in LEBER 1980, S. 91).

Erziehung geschieht nach KOBI einzig im Bereich der Beziehung zwischen Erzieher und Kind; ist diese Beziehung beeinträchtigt, leidet darunter auch die Erziehung.

In dem folgenden Schaubild sind die verschiedenen Faktoren, die das Erziehungsverhältnis belasten, sowie die Möglichkeiten ihrer Überwindung KOBI folgend (KOBI 1983, S. 129) schematisch dargestellt.

Das generelle Ziel der Heilerziehung liegt für KOBI in der Erfüllung und Vertiefung des erzieherischen Verhältnisses; BUBERs Terminologie verwendend spricht KOBI auch vom Ziel der 'Vergegenwärtigung' und der 'Verbundenheit' (KOBI 1983).

Daß Pädagogik jedoch nicht nur von der personellen Interaktionsebene bestimmt ist, sondern auch immer in einem gesellschaftlichen Bezug steht, der eventuell mitverantwortlich ist für gestörte Erziehungsverhätnisse, wird bei

KOBI kaum berücksichtigt.

Dialogische Pädagogik scheint hier zu einem erheblichen Teil vom 'guten Willen' des Erziehers abhängig gemacht zu werden.

Nichtsdestotrotz ist KOBIs Beitrag sehr bedeutsam für die Pädagogik, als er fordert, daß der Erzieher aus der Objektivität heraustreten und sich dem Kind gegenüber sehen lassen solle: "*Wer sehen will, muß (sich) sehen lassen*" (KOBI in LEBER 1980, S. 89).

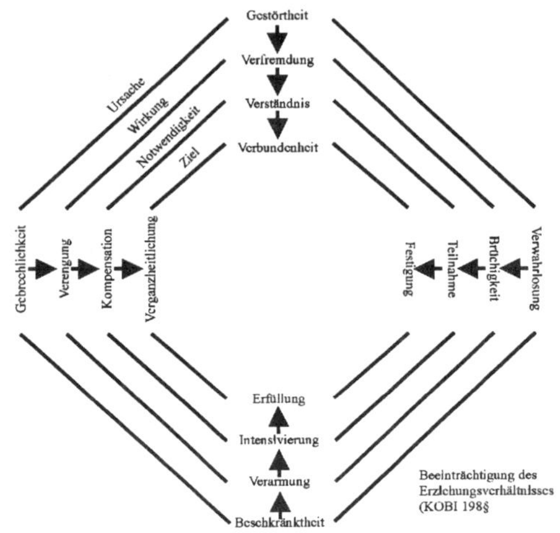

Beeinträchtigung des Erziehungsverhältnisses (KOBI 198§

Auch bei A. LEBER ist vom "*fördernden Dialog*" die Rede, der auf der Eigenschaft des Einfühlens ("*Empathie*") von seiten des Erziehers fundiert.

LEBER geht allerdings von der Psychoanalyse aus und leitet den Dialog mit dem Kind aus dem Dialog zwischen Analytiker und Analysanden ab[(16)].

Ein Kernpunkt in BUBERs Vorstellungen bezüglich der Pädagogik findet jedoch in der psychoanalytisch orientierten Heilpädagogik seine konkrete und auch berechtigte Ausformung: Was bei BUBER mit Selbsterziehung und Erhöhung der Triebe benannt ist, findet sich hier wieder in der Forderung nach Analyse der Interaktionsstrukturen und Selbstreflexion durch den Erzieher.

Ziel der Reflexion ist jedoch nicht nur die Offenlegung unterdrückter Bedürfnisse im Kind, sondern - mit Bezug auf Lorenzer - die Verdeutlichung der Dialektik von objektiver und subjektiver Struktur (vgl. GERSPACH 1980).

Was die Beziehung zwischen Erzieher und Kind betrifft, so bekommt die Realbeziehung im pädagogischen Prozeß ein wesentlich stärkeres Gewicht als im psycholanalytischen Prozeß. Der Erzieher nimmt am Beziehungsgeschehen

(16) In diesem Zusammenhang zitiert LEBER FREUD: "*Ein Erzieher kann nur sein, wer sich in das kindliche Seelenleben einfühlen kann*" (LEBER 1980, S. 394).

wirklich teil und kann über die Analyse konflikthafter Szenen (szenisches Verstehen) die Situation verändern.

Das psychoanalytische Paradigma wird auch das Paradigma des "*verstehenden Umgangs*" genannt (vgl. TRESCHER 1985). Diese Sichtweise hat Auswirkungen auf das Problem der pädagogischen Absicht: Sie wird zugunsten des Dialogs, der sich zwischen zwei gleichgeachteten Subjekten abspielt, aufgegeben. Wichtiger als die Erziehungsabsicht ist die Dynamik der Beziehung.

Auch hier sind die Parallelen zu BUBERs Denken deutlich, wenn dieser in der dialogischen Begegnung den entscheidenden erzieherischen Faktor erblickt (BUBER 1925 in 1986).

Daß es in der Pädagogik allerdings nicht nur um die Beziehung geht, sondern diese - zumindest in ihrer institutionalisierten Form - auch einen Sachanspruch hat, erfährt im Bereich der 'Kommunikativen Pädagogik' seine Entsprechung. Die Wissensvermittlung wird bei SCHALLER sogar als die wichtigste Komponente im pädagogischen Prozeß angeführt.

Die Kommunikative Pädagogik ist zwar keine spezifische Heil-Pädagogik, enthält jedoch mit ihrer sich aus der Theorie des Symbolischen Interaktionismus (Mead) und der Kommunikationsforschung (Watzlawick) zusammensetzenden Grundlage durchaus Relevanz in bezug auf die Entstehung der Identität des Menschen.

SCHALLER stützt seine Pädagogik auf BUBERs Verständnis vom Menschen, der seine Erfüllung letztendlich nur im Dialog, in der Kommunikation zwischen Individuum und Welt finden könne (vgl. TISCHNER 1985).

Eine "*Revision unseres Menschenbildes*" und damit eine anthropologische Neufundierung von Pädagogik fordert G. FEUSER(17).

Sich auf die Integrationsidee beziehend, entwickelt er ein Bild vom Menschen, das die materialistische Sichtweise mit person- bzw. subjektzentrierten Vorstellungen verbindet.

Bei FEUSER ist der Mensch sowohl als in sich geschlossene Ganzheit, als soziales Wesen sowie als aktiv handelndes Subjekt zu begreifen. Aus diesen drei Komponenten ergibt sich für die Sicht von Behinderungen, daß diese

(17) FEUSERs Orientierung am Dialogischen zeigt sich deutlich an seinen jüngeren Aufsätzen. Vgl. hierzu: FEUSER: Autismus heute - Forderungen an morgen, 1984 oder FEUSER: Integration: Humanitäre Mode oder humane Praxis, 1986.

nicht das Wesen eines Menschen ausmachen, sondern lediglich Bedingungen seiner Existenz darstellen (vgl. FEUSER 1986).

Integration bedeutet nach FEUSER die "*Änderung der Verhältnisse zwischen den Verhältnissen*"; ein behindertes Kind muß als ein Kind angesehen werden, "*an dem wir versagen*" (FEUSER 1986).

FEUSERs zentrale These, daß der Mensch am Du zum Ich werde, schlägt einen direkten Bogen zu BUBERs dialogischer Philosophie. Formulierte man die Aussagen FEUSERs als Extrem, ließe sich die Hypothese aufstellen, daß der Behinderte in seiner Behinderung den Zustand der Gesellschaft widerspiegele.

3.2 Die praktische Umsetzung des Dialogischen Prinzips

Obwohl sich viele in ihren Praxisansätzen auf das Dialogische Prinzip berufen, kann es keine reine Umsetzung desselben in die Praxis geben.

BUBER leistet selbst weder eine Konkretisierung auf Erziehungsinhalte noch leitet er aus seinen Anschauungen eine Methodik der dialogischen Erziehung ab.

Will man pädagogische Praxis trotzdem auf BUBERs Vorstellungen vom Dialogischen ausrichten, so scheint es notwendig, entweder zusätzliche Bezüge zu anderen Gedankensystemen zu konstruieren, oder aber man muß sich damit begnügen, Hilfen zur Umsetzung des Dialogischen zu entwerfen, die das Dialogische selbst nicht ausmachen, sondern bestenfalls vorbereiten.

Als eine der wenigen Bemühungen um eine solche Strukturhilfe für pädagogisch-dialogisches Handeln in der Heilpädagogik möchte ich an dieser Stelle die "*theoretisch-methodischen Hilfen*" RÖDLERs für die pädagogische Praxis anführen (vgl. RÖDLER in **BEHINDERTENPÄDAGOGIK**, 3/1985).

RÖDLER stellt den Wert allgemeiner theoretischer Überlegungen keinesfalls in Frage; er entwickelt im Gegenteil über die Vorstellung vom Dialog als wechselseitiger Anpassung und Einflußnahme der Partner aufeinander und die Beschreibung des Phänomens der "*gemeinsamen Zeit*" (die dem Zwischenmenschlichen bei BUBER sehr nahe kommt) eine spätere Definition vom Dialog als der "*gemeinsamen Arbeit an der gemeinsamen Zeit*".

An der dialektisch-materialistischen Theorie der Behindertenpädagogik orientiert, wird bei RÖDLER die Gesamtsituation des jeweiligen Kindes sowie dessen Entwicklung im pädagogischen Handeln berücksichtigt.

Die Dialektik der Dialogik liegt darin, daß der Mensch sich in einem Spannungsverhältnis von Ordnung und Anpassung einerseits, Weiterentwicklung und Veränderung andererseits entwickelt.

Will man im Sinne des pädagogisch-dialogischen Menschenbildes pädagogische Praxis gestalten, muß nach RÖDLER der Entscheidung zugungsten dieser Anschauung konkretes Handeln folgen.

Ausgangspunkt seines Handelns stellen die Einschätzung und Analyse der Situation des Lehrers dar ("*subjektive Diagnostik*").

Darauf baut dann das Handlungskonstrukt auf, wobei "*die Erfahrungen aus der Handlung wieder Rückwirkungen haben auf die neuerliche Einschätzung der Situation*". Handeln verändert also den Erfahrungshintergrund und mit ihm die psychische Struktur des Menschen.

Für die Analyse der Situation und den Handlungsentwurf bietet RÖDLER nun folgende Strukturhilfen an:

1. Kategoriebildende Theorie: Ein pädagogisch relevanter Problembereich wird formuliert und abgegrenzt. Der geschaffene Begriff ermöglicht einen Austausch pädagogischer Erfahrungen, macht das Problem kommunizierbar.
2. Strukturierende Theorie: Der formulierte Problembereich wird differenziert. Auf dem Hintergrund seiner eigenen Intentionen und seines pädagogischen Wissens bildet der Lehrer im *inneren Diskurs* mit dem Schüler ein Konstrukt.

Hier lassen sich insofern Parallelen zu BUBER feststellen, als bei diesem ebenfalls ein innerer Dialog im Lehrer stattfinden sollte, bevor der 'reale' Dialog mit dem Kind einsetzt.

3. Handlungsleitende Theorie: Sie entwirft Hilfen für das konkrete Handeln zur Erreichung bestimmter Ziele. Diese sind immer kritisch zu hinterfragen vor dem Hintergrund der menschlichen Entwicklung von der Wahrnehmung hin zu bewußtem planvollen Handeln.

Um zu vermeiden, daß sich der Schüler den Lehrer-Wünschen anpaßt und diese nur reflektiert, fordert RÖDLER die Reflexion während der Praxis, innerhalb des Dialogs. Auch hier wird vom Lehrer verlangt, die Prinzipien Nähe und Distanz zu verwirklichen und an beiden Polen der dialogischen Situation zu stehen.

Zum Aspekt der Sprache und des Miteinandersprechens, der sich mit der dialogischen Konzeption vom Menschen eng verbindet, existieren konkrete

Ausführungen im Hinblick auf die pädagogische Praxis. W. FABER und T. BUCHER haben sich mit der Kommunikation zwischen Lehrer und Schüler in Schule und Unterricht auseinandergesetzt (FABER in: SPECK, 1967; BUCHER 1968). In folgenden Aussagen läßt sich m.E. ein Konsens der beiden unterschiedlichen Arbeiten finden.

So wird die Spracherziehung als eine wesentliche Aufgabe der Schule angesehen. Das Sprechen zwischen Lehrer und Schüler hat bestimmte Strukturmerkmale: Danach ist im pädagogischen Dialog personelle Authentizität verlangt. Der Dialog beruht auf Wechselseitigkeit des Gesprächs und lebt vom ausdrücklichen Respekt vor der Eigenheit des Schülers. Die Anrede des Schülers durch den Lehrer bedeutet Ermutigung und Aufforderung zur Übernahme von Verantwortung.

BUCHER nennt das Unterrichtsgespräch gleichzeitig gelenkt und frei, wobei die Gesprächslenkung des Lehrers weitgehend auf formaler Ebene bleibt, die Schüler aber den Inhalt erschließen sollen. Auch hier herrscht wieder das dialektische Prinzip in Form der Miteinbeziehung der 'komplementären' Handlung oder Haltung.

Des weiteren ist an dieser Stelle der eher gruppendynamisch orientierte Ansatz REISERs zu nennen, der den Schwerpunkt der heilpädagogischen Arbeit auf das Beziehungsverhalten des Lehrers gegenüber der Gruppe legt (vgl. REISER 1975).

REISER erweitert die Möglichkeiten der Unterrichtsgestaltung um pädagogisch-therapeutische Maßnahmen. Mit Hilfe dieser Maßnahmen soll nicht etwa die Realität verschleiert werden, sondern bewußter "*ausgewählt, repräsentiert und bearbeitbar gemacht werden*" (vgl. REISER 1975). Wie bei BUBER tritt der Lehrer als Repräsentant der Wirklichkeit auf.

Ziel ist nicht etwa die Auflösung der Rollenunterschiede zwischen Lehrer und Schüler, sondern eine Rollentransparenz. Das Kind soll lernen, sich innerhalb seiner Rolle und innerhalb der gesellschaftlichen Regeln zu entscheiden.

Findet Erziehung nun - wie in der Schule - zwischen einem Erzieher und einer Gruppe von Kindern statt, so entsteht nach REISER eine Vielzahl gegenseitiger Rollenzuschreibungen. Die vielfältigen zwischenmenschlichen Beziehungen können eine eigene Dynamik entwickeln und den Erziehungsprozeß hemmen (vgl. REISER in FEUSER, 1977).

Als Methode zur Strukturierung solcher Gruppenprozesse empfiehlt REISER die Themenzentrierte Interaktion nach RUTH COHN.

Diese soll jedoch erst später - im Vergleich mit weiteren Konzepten der gleichen Herkunft (Humanistische Psychologie) - in bezug auf ihre pädagogische Relevanz diskutiert werden.

3.3 Die Relevanz des Dialogischen für die Pädagogik

Dialogische Erziehung im Sinne BUBERs geht von der dialogischen Struktur des einzelnen Menschen aus.

Der Mensch lebt in der Spannung zwischen polaren Gegensätzen: Er ist ein individuelles und soziales, geistiges und körperliches Wesen, frei und gebunden. Diese Aufzählung ließe sich sicherlich fortsetzen. Dialektik stellt sich also nicht nur als Erkenntnisprinzip, sondern auch als Seins-Prinzip des Menschen heraus.

BUBER wird dieser Doppelnatur des Menschen in seiner Philosophie und den daraus entsprungenen Vorstellungen über die Erziehung des Menschen durchaus gerecht.

Die Bestimmung des Menschen liegt nun darin, die Gegensätze in einer 'Spannungseinheit' zu leben, sie in die subjektive Struktur zu integrieren: Das Ziel des Menschen ist seine Selbstverwirklichung.

Erziehung kann danach also nur bedeuten, den Edukanden dazu zu befähigen, daß er die volle Verantwortung für sich übernehmen, autonom handeln und selbständig über sich verfügen kann.

Da der Mensch jedoch nur in der Beziehung seine eigenen Grenzen erfährt und gleichzeitig zuläßt, daß diese durch einen anderen Menschen erweitert werden, bedeutet Erziehung mit Hilfe des Dialogs zugleich Erziehung *zum* Dialog.

Dialogische Erziehung achtet und anerkennt das Kind als gleichgestellten Partner; es besteht kein Seinsunterschied zwischen den am Erziehungsprozeß Beteiligten, sondern nur ein Unterschied an Erfahrung und Reife.

Daß die pädagogische Beziehung bei BUBER eine "*rein dialogische*" genannt wird, impliziert ein Wirken beider Partner am jeweils anderen.

Akzeptiert man den Fakt dieser "*gegenseitigen Bildung*", hat dies einen Abschied von traditionell fixierten Ansichten über die 'fertige' Lehrerpersönlichkeit zur Folge.

Dialogische Erziehung verlangt vom Lehrer persönliche Verantwortung seines Schülers. Es wird ihm zugemutet, die Entscheidung darüber zu treffen, was ein jeweiliger Schüler in einer bestimmten Situation an Hilfen und Orientierungen braucht.

BUBER lehnt eine normative Bestimmung von Erziehungsinhalten ab; Richtschnur ist allein das Gegenüber des Schülers.

Neben der "*Auslese aus der wirkenden Welt*" soll sich der Lehrer selbst beobachten und kontrollieren, ob er in seinem pädagogischen Handeln der Person des Schülers gerecht wird.

Da sich der Erzieher bei BUBER keiner Instanz, sonder 'nur' dem Subjekt des Kindes gegenüber zu verantworten hat, besteht die Gefahr, daß sich etwa eigene (Lehrer-)Wünsche in Form von Projektionen in die pädagogische Beziehung einschleichen, die den Umgang mit dem Schüler belasten. Die "*Erfahrung der Gegenseite*" stellt jedoch einen Schutz des Schülers vor erzieherischer Willkür und Übergriffen dar.

Daraus ergibt sich für mich die Forderung nach einer Lehrerausbildung, die der Situationsanalyse und Selbstreflexion ein größeres Gewicht beimißt. Des weiteren müßten Lehrer lernen, mit Übertragungen umzugehen, die die Schüler auf ihre (Lehr-)Person richten.

Während BUBER um die Existenz von Übertragung und Gegenübertragung innerhalb der pädagogischen Beziehung weiß und dem Erzieher ebenfalls eine persönliche Weiterentwicklung am 'Gegenstand Beziehung' zugesteht, fordert Anna FREUD, "*daß der Lehrer oder Erzieher seine Konflikte kennt oder beherrschen gelernt hat, ehe er die pädagogische Arbeit beginnt. Sonst dienen ihm die Zöglinge nur als mehr oder weniger günstiges Material, um seine eigenen unbewußten und ungelösten Schwierigkeiten an ihnen abzureagieren*" (vgl. A. FREUD 1971).

Neben diesen Fertigkeiten des Lehrers ist jedoch m.E. von noch größerer Bedeutung, daß der Lehrer sich selbst als Person in das erzieherische Verhältnis miteinbringt. Wie anders ist die Mitmenschlichkeit in der Erziehung zu gewährleisten, als innerhalb einer realen Beziehung, in der authentische Personen miteinander zu tun bekommen und sich gegenseitig als solche bestätigen.

Hat der Schüler in die Person des Erziehers Vertrauen gefaßt, so wird letzterer für ihn 'präsent'. Besonders im Hinblick auf die heilpädagogische Klientel wird die Relevanz der Präsenz des Erziehers deutlich:

Ein verläßlicher Erzieher bildet einen Orientierungspunkt und eine Konstante in einer Welt, die in den meisten Fällen als unzuverlässig, unvorhersagbar und damit bedrohlich erlebt wird. Hat ein Kind nie die Verläßlichkeit der Verhältnisse bestätigt bekommen, wird es auch nicht in der Lage sein, dieselben Verhältnisse realistisch einzuschätzen, geschweige denn sie für sich zu relativieren oder gar zu verändern.

Das Erziehungsziel 'Mündigkeit' hat keine Eigendynamik, sondern braucht die zwischenmenschliche Beziehung als Raum, in dem es sich entfalten kann.

Dialogische Erziehung macht klar, daß Erziehung nicht eindimensional verlaufen darf, sondern sich "*mit Hilfe des dialektischen Erziehungsprinzips um das ausgewogene Maß zwischen Bewahrung und Bewährung*" bemühen muß (vgl. BUCHER 1968, S. 44).

BUBERs bedingungsloses Plädoyer für das Subjekt und die Subjektivität und damit gegen die Reifizierung des Menschen, wie sie leider gerade im Bereich der diagnostischen Heilpädagogik noch immer betrieben wird[(18)], halte ich in bezug auf die pädagogische Relevanz seiner Philosophie für zentral.

Akzeptiert man nun die philosophische Position BUBERs, nach der der Mensch erst durch die Beziehung zu einem Du er selbst wird, hat dies für das Gebiet der Heilpädagogik entscheidende Folgen.

Entsteht Subjektivität in der Interaktion, sind Menschen mit gestörter oder verstörter Subjektivität Produkte gestörter Interaktionsprozesse. Dies hat sowohl Auswirkungen auf die Sicht von Behinderung als auch auf den zwischenmenschlichen Umgang mit 'Behinderten'.

BUBER kann zwar keine ausgefeilten Konzepte liefern - was dem Moment der Einmaligkeit und Einzigartigkeit von Subjekten und der Gegenwärtigkeit der Begegnung ja auch widerspräche - , er schafft jedoch einen 'schützenden Hintergrund' für die pädagogische Praxis, indem er das Wesen des Menschen

(18) Ich denke hierbei an die normierten Tests und standardisierten Versuchsanordnungen, die die Menschen zu Forschungs-Objekten degradieren. Hier geht es nicht um Existenz-Äußerung oder die Erschließung von Subjekten, wie es im gegenseitigen Dialog der Fall ist, sondern um Re-aktionen innerhalb eines vorgegebenen Spielraums.

beschreibt, ohne es festzuschreiben.

Erziehung besteht jedoch nicht nur aus einem personenbezogenen Verhältnis, sondern hat auch einen Sachauftrag. Dieser wird bei BUBER gegenüber dem Beziehungsaspekt deutlich unterbewertet. Die sachbezogene Arbeit steht jedoch gerade im Schulunterricht im Zentrum des pädagogischen Geschehens. Die Beziehungen zwischen Lehrer und Schüler laufen in der Regel über die Sache, die als Gegenstand gemeinsamer Bearbeitung auch gemeinschaftsstiftend(19) wirkt.

BUBER hebt zwar am Anfang seiner "*Rede über das Erzieherische*" den Wert der "*Werksache*", des Bedingtseins in einer gemeinsamen Arbeit hervor (BUBER 1925 in 1986, S. 19), vernachlässigt jedoch später den inhaltlichen Aspekt zugunsten der Beziehung.

Abgesehen von der 'gemeinschaftsbildenden Wirkung' der sachbezogenen Arbeit scheint BUBER die gesellschaftlichen Funktionen von Schule - Qualifikation und Legitimation - in seinen Beschreibungen von Erziehung völlig zu ignorieren. Gesellschaftliche Bedingungen, die den Dialog eventuell auch verhindern können, finden keine Berücksichtigung.

BUBER haftet von daher ein idealistischer Zug an; sein personalistischer Ansatz trägt weder der Sache als Gegenstand gemeinsamer Kommunikation noch den Sachzwängen der Gesellschaft genügend Rechnung.

An dieser Stelle wird ein Vergleich der BUBERschen Vorstellung über Erziehung mit der Erziehungstheorie Alfred PETZELTs (vgl. hierzu: PETZELT, Grundzüge systematischer Pädagogik, 1964) reizvoll, der ein entgegengesetztes Dialogverständnis zugrunde liegt.

PETZELT betont die Unabdingbarkeit der Sache als Verbindung zwischen den Dialogpartnern. Er erweitert die dialogische Beziehung zur Dreipoligkeit, womit die Unmittelbatrkeit der Begegnung verloren geht. PETZELT versteht den dritten Pol der Sache als "*gemeinsame Logosbindung*".

Da Pädagogik neben der Vermittlung von 'Haltung' auch auf Wissensvermittlung ausgerichtet ist, fordert der Dialog, der dem Logos dient, "*reines Argumentieren, frei vom Ansehen der Person...* " (vgl. PETZELT 1963, S. 27).

Diesem argumentativen Dialog würde bei BUBER das dialogische Verhältnis zweier Menschen entsprechen, die einen sachlichen Disput führen und sich als

(19) Ich möchte mich durch diese Wortwahl nicht in die Nähe der 'jugendbewegten' Pädagogen gerückt wissen.

'abstrakte' Geistwesen aufeinander beziehen (vgl. BUBER 1925 in 1986).

Erziehung bei BUBER meint jedoch die Einwirkung auf den *ganzen* Menschen in seiner vollen Wirklichkeit, und zieht von daher einen pädagogischen Bezug ohne persönliche Bindung nicht in Betracht.

Neben der mangelnden Beachtung der Sachbezogenheit von Erziehung sehe ich ein weiteres Problem bei BUBER darin, daß er immer von der Ich-Du-Beziehung als Zweierbeziehung ausgeht, die pädagogische Standard-Situation Lehrer/Schulklasse aber außer acht läßt. Dialogische Erziehung ist für BUBER zwar die "*echte Erziehung zur Gemeinschaft*" (BUBER 1939 in 1986), sie erklärt jedoch weder den Übergang vom einzelnen Du zur gesamten Klasse, noch wie der Dialog sich außerhalb der Lehrer-Schüler-Dyade verwirklicht.

Um die "*unterirdische Dialogik*" innerhalb einer Schulklasse herzustellen, muß nach BUBER jeder Schüler einzeln angesprochen, einzeln 'gemeint' sein, damit zwischen ihm und dem Lehrer eine latente Bindung entstehen kann.

Im Idealfall existieren also - vom Lehrer ausgehend - zu jedem Schüler Verbindungslinien; eine dialogische Durchgestaltung der Schulklasse wäre aber erst erreicht, wenn die Schüler untereinander in Verbindung stünden.

Um eine Steigerung der Kommunikationsfähigkeit unter Schülern zu erzielen, müßte der Lehrer m.E. seine zentrale Leiter-Position im Kommunikationsprozeß langsam zugunsten einer eher teilnehmenden Rolle aufgeben.

Besonders im Hinblick auf Sonderschulkinder, die in der Regel keine positiven Kommunikationserfahrungen gemacht haben, halte ich die anfängliche 'Leiter-Rolle' des Lehrers jedoch für unabdingbar.

Trotz ihrer grundlegenden Bedeutung für die Pädagogik stellen sich mir die Aussagen BUBERs in bezug auf die professionelle Erziehung also als ergänzungsbedürftig dar.

3.4 Die Humanistische Psychologie in ihrer Relevanz für eine Pädagogik des Dialogs

Unter den Konzepten der Humanistischen Psychologie spielt die Themenzentrierte Interaktion (TZI) eine herausragende Rolle, da sie von ihrem Ansatz her ein pädagogisches Konzept ist und neben dem Individuum die Komponenten 'Gruppe' und 'Sache' gleichermaßen berücksichtigt.

Nicht in gleicher Weise bedeutsam, aber doch erwähnenswert sind weiterhin der gestalttherapeutische (F. PERLS) und der gesprächspsychotherapeutische Ansatz (C. ROGERS), die hier zuerst vorgestellt und diskutiert werden sollen.

- Gestalttherapie

Ausgangspunkt der Gestalttherapie ist die Annahme, daß alles organische Leben nach dem Prinzip der Homöostase funktioniert. Der menschliche Organismus schwankt immer zwischen den beiden Polen "*Selbsterhaltung*" (Geborgenheit, Sicherheit etc.) und "*Wachstum*" (Veränderung, Risiko etc.) (vgl. QUITMANN 1985).

Beeinflußt von östlichen Philosophien und dem Existentialismus bejaht PERLS die Wahrnehmung des Menschen im "*Hier und Jetzt*", sowie das "*In-die-Welt-Geworfen-Sein*", das sich im Prinzip der 'Konfrontation' niederschlägt. Ein weiteres gestalttherapeutisches Prinzip ist die Ich-Du-Beziehung zwischen Therapeut und Klient, die - in Anlehnung an BUBER - von Authentizität geprägt sein muß.

Wesentliche Aufgabe des Therapeuten ist es, den Klienten in einen Zustand der Bewußtheit, der Gegenwärtigkeit zu bringen und ihn darin zu halten. Der Kontakt zur Umwelt soll aufrechterhalten werden. "*Kontakt*" ließe sich auch mit "*gegenwärtiger und konkreter Situation oder Beziehung*" umschreiben.

Nach PERLS kann man nur innerhalb des Kontaktprozesses wachsen, wählen und entscheiden. Wird dieses Realitätsprinzip verlassen, kommt es zur 'Kontaktunterbrechung'.

Kontaktunterbrechung und Kontaktvermeidung entwickelten sich bei PERLS zum Mittelpunkt von Theorie und Praxis. PERLS forschte jedoch nicht nach den unbewußten Mechanismen im Menschen, die den Kontakt verhinderten, sondern betrachtete die Kontaktunterbrechung als aktiv herbeigeführt, als das Ergebnis von Nicht-Entscheidung.

Um den Kontakt wiederherzustellen, muß der Mensch nach der PERLschen Theorie eine Selbstbewußtheit, ein Gewahrsein seiner selbst ("*awareness*") erlangen, die ihn befähigt, Entscheidungen zu fällen und zu verantworten. Durch welch innere oder zwischenmenschliche Arbeit es jedoch zu diesem wieder erstarkten Ich kommt, bleibt hier unklar.

Interessant ist bei diesem Ansatz, daß sich die Beziehung zwischen Therapeut und Klient theoretisch auf der gleichen realen Ebene abspielt wie in der Pädagogik zwischen Lehrer und Schüler. In der therapeutischen Arbeit werden diejenigen Bedürfnisse bearbeitet, die in Form von "*offenen Gestalten*" als die jeweils dringlichsten in den Vordergrund treten. Es ginge jedoch meiner Ansicht nach zu weit, wollte man diese "*Figuren*" mit Sachaufgaben gleichsetzen und daraus schließen, das gestalttherapeutische System bestehe aus drei Polen.

Die Ich-Du-Beziehung, die hier beschrieben ist, schließt auch kein 'Wir', keine Gruppe mit ein. Wo sich zwei Menschen begegnen, gestaltet sich die Umwelt zwar zur 'Mitwelt', klammert jedoch andere Beziehungen aus. In dieser Hinsicht bedeutet die Gestalttherapie keine Öffnung des Dialogischen Prinzips vom Du zur 'Masse'.

Die zwischenmenschliche Beziehung bietet dem Klienten allerdings einen verläßlichen Hintergrund, auf dem er seinem wesensmäßigen Bedürfnis nach Wachstum nachkommen kann.

- Gesprächstherapie

Eine wesentlich stärkere Bezugnahme auf BUBER und den Bereich der Pädagogik ist im gespächstherapeutischen Konzept ROGERS erkennbar. Sein Therapieverständnis von der 'Hilfe zur Selbsthilfe' kommt BUBERs Auffassung von Erziehung sehr nahe.

Nach ROGERS ist der Mensch mit einer "*Aktualisierungstendenz*" ausgestattet, einem Streben nach Selbstverwirklichung. Dem zugrunde liegt ein Glauben an das Gute im Menschen; ROGERS ist von der "*konstruktiven Tendenz des Organismus*" überzeugt (vgl. QUITMANN 1985, S. 128).

ROGERS entwickelte eine Theorie vom Selbst, wonach das Selbst sowohl Objekt psychologischer Prozesse als auch die psychologischen Prozesse selbst sein kann. Seine Therapieform gründet in BUBERs Konzept der Begegnung; es geht nicht um eine hilfreiche Gesprächsform, sondern um hilfreiche Ich-Du-Beziehungen.

Auf diesem Hintergrund erwuchsen bestimmte therapeutische Grundhaltungen:

a) Kongruenz meint soviel wie 'Übereinstimmung mit sich selbst'; sie fordert die Echtheit des Therapeuten.

b) Empathie wird ein Einfühlen in die innere Welt des Klienten genannt, als wäre es die eigene.

c) Wertschätzung und bedingungsfreies Akzeptieren nimmt den Klienten in seinem jeweiligen Sosein ohne Vorurteil und Wertung an.

ROGERS bezieht die therapeutischen Grundhaltungen in voller Entsprechung auch auf den Bereich der Pädagogik. Lernen hängt nach ROGERS primär von der Einstellung ab, die der Lehrende in die Beziehung zum Lernenden einbringt (vgl. ROGERS 1974). "*Nur in der Begegnung kann das Kind seine Wahrnehmung entfalten und im existentialistischen Sinn entscheidungsfähig werden*" (vgl. QUITMANN 1985, S. 171).

Aufgabe des Pädagogen ist es also, die Begegnung zu ermöglichen. R-OGERS Denken ist von der Dialogik BUBERs stark beeinflußt, wobei ersterer die konstitutiven Elemente der Ich-Du-Beziehung zwar neu beschreibt, deren Zweipoligkeit aber nicht überwindet.

Was ROGERS mit "*realness*" des Therapeuten umschreibt (vgl. ROGERS 1977, S. 196) und für die Psychotherapie gewiß eine Neuerung darstellt, könnte für die Pädagogik spätestens seit BUBER Ausgangspunkt ihres Wirkens sein.

3.4.1 Themenzentrierte Interaktion (TZI)

"TZI ist ein System der Arbeit in Gruppen, die bezogen ist auf die Erfahrung einer Sache, auf soziales Lernen und soziales Handeln" (REISER in PRENGEL 1983, S. 256).

COHNs TZI basiert auf einem holistischen Menschenbild, das deutlich ihre jüdische Denktradition widerspiegelt. Danach ist der einzelne Mensch eine Ganzheit und als solche wiederum Teil einer Gemeinschaft. Die ethischen Grundpositionen der TZI legt COHN in drei Axiomen dar.

Das erste Axiom trägt dem oben beschriebenen dialektischen Menschenbild Rechnung, indem es den Menschen gleichermaßen als autonom und interdependent beschreibt. Die Entsprechungen in der Philosophie BUBERs in bezug auf das dialektische Verhältnis von "*Urhebertrieb*" und "*Trieb nach Verbundenheit*" sind unübersehbar.

Das zweite Axiom besagt, daß allem Lebendigen Ehrfurcht gebührt, alles Humane wertvoll, alles Inhumane wertbedrohend ist. Es handelt sich hierbei um eine übergreifende ethische Vorstellung, die weder religiös noch philosophisch begründet wird. Ihre Wurzeln liegen m.E. jedoch recht offensichtlich im Judentum, wonach alle Schöpfung von Gott 'beseelt' und daher wertvoll ist.

Das dritte Axiom weist darauf hin, daß freie Entscheidungen immer innerhalb bedingender Grenzen geschehen, letztere jedoch veränderbar sind. Hier werden die ersten beiden Axiome um den gesellschaftlichen Aspekt erweitert. Zugleich empfinde ich das dritte Axiom als Aufforderung zu bewußtem gesellschaftlichen Handeln, da die gesellschaftlichen Regeln nicht als statisches Moment, sondern in ihrer Eingebundenheit in den dynamischen gesellschaftlichen Piozeß aufgezeigt werden.

TZI beschreibt bisher also in erster Linie eine Haltung; sie versteht sich jedoch gleichzeitig als Methode.

Obwohl COHN jahrelang als Psychoanalytikerin tätig war, versteht sie TZI als Pädagogik. Die psychoanalytischen Kenntnisse sind jedoch aus der TZI nicht hinwegzudenken. COHNs Kritik an der klassischen Psychoanalyse, die sich hauptsächlich auf die Beziehung zwischen Therapeut und Klient sowie auf das Konzept des Widerstands richtet, ist in den TZI-Postulaten formuliert.

Das erste Postulat "*Sei dein eigener Chairman*" steht für die Verantwortung sich selbst gegenüber sowie gegenüber der Umwelt oder Gruppe. Hier wird anstelle der Anlehnung oder Abgabe der Verantwortung die Eigenverantwortlichkeit eines jeden Individuums betont. Jede Situation ist als Angebot für eigene Entscheidungen aufzufassen (vgl. COHN 1981, S. 121). Die gedanklichen Parallelen zur Gestalttherapie treten hier deutlich hervor, wobei dort noch etwas härter formuliert wird: Aus dem Angebot zur eigenen Entscheidung wird ein Muß.

Das zweite Postulat "*Störungen haben Vorrang*" empfiehlt das sofortige Aufgreifen und Bearbeiten von äußeren Störungen und inneren Blockaden, die die Arbeit am Thema hemmen oder unmöglich machen. "*Übertragungsillusionen oder andere emotionelle Störungen werden jedoch nur soweit erforscht, als sie momentan die Arbeit stören*" (COHN 1981, S. 117).

Hier liegt der Hauptunterschied zur früheren Analysetätigkeit COHNs: Konflikte werden nicht, wie in der Psychoanalyse, zuerst durch bewußte

Verstärkung der Übertragung noch gesteigert, sondern direkt gegenübergestellt und in ihrer Bedeutung auf die gegenwärtige Situation behandelt.

Gleichzeitig wird an dieser Stelle die wichtige Stellung des Themas in der TZI deutlich: Das Thema ist der Mittelpunkt der Interaktion, es ist das Bindeglied zwischen Individuum und Gruppe.

Das TZI-Modell besteht aus den drei Faktoren "*Ich*", "*Wir*" und "*Es*". "*Ich*" bezeichnet das autonome Individuum, "*Wir*" die Beziehungen zwischen den Gruppenmitgliedern, "*Es*" das Thema, den Inhalt der Kommunikation. Dieses Beziehungsdreieck ist zudem eingebettet in eine Kugel, den "*Globe*", der die äußere Umgebung, die historischen sowie gesellschaftlichen Bedingtheiten sowohl pädagogischer Prozesse als auch der einzelnen Gruppenmitglieder berücksichtigt. Auch wenn sich TZI in der Praxis als 'gruppeninterne' Interaktionsmethode darstellt, die sich fast ausschließlich im oben genannten Beziehungsdreieck bewegt und nicht über ihre Eckpunkte hinausschaut, so wird im Modell doch die gesellschaftliche Komponente mitgedacht.

Aufgabe des Gruppenleiters einer TZI-Gruppe ist es, die drei Komponenten "*Ich*", "*Wir*" und "*Es*" in einer "*dynamischen Balance*" zu halten. Die Balance sorgt dafür, daß sich weder das Thema in den Vordergrund drängt ("*akademisches Lernen*"), noch das Ich ("*psychologisches Lernen*") oder das Wir ("*Gruppentherapie*"). Sie ist das besondere Merkmal der TZI: Lernen am Thema unter Berücksichtigung individueller Befindlichkeiten und gruppendynamischer Prozesse wird in einem ausgewogenen Verhältnis zueinander gehalten.

Dabei fordert COHN vom Gruppenleiter, daß er mit den Gruppenmitgliedern eine Realbeziehung eingeht, in der er - unabhängig von seiner Funktion - als subjektive Person erlebt und eingeschätzt werden kann.

In diesem Punkt tritt die Verwandtschaft der drei Konzepte TZI, Gestalt- und Gesprächstherapie offen zutage: Die Forderung nach Subjektivität und Echtheit des Therapeuten zugunsten einer realen zwischenmenschlichen Beziehung.

Für die Interaktion entwarf COHN eine Reihe von Hilfsregeln, wovon eine lautet "*sprich per 'ich'*", eine andere "*sei authentisch und selektiv*". Diese Hilfsregeln verstehen sich als Hilfestellungen zur Verwirklichnung einer gelingenden Interaktion. Authentizität des Leiters oder Erziehers, bereits bei BUBER gefordert, wird hier konkretisiert.

Das TZI-Modell verleiht m.E. dem Gegenstand 'gemeinsames Lernen' eine grundlegende Struktur. Die Gleichberechtigung der drei Komponenten Thema,

Gruppenprozeß und Individuum intendiert unbehindertes Lernen bei gleichzeitiger Berücksichtigung der Gefühlsebene.

Die "*dynamische Balance*" stellt ein Prozeßmodell dar, das auf der "*dialektischen Verschränkung von Autonomie und Interdependenz (gründet)*" (vgl. REISER in PRENGEL 1983, S. 258).

COHN berücksichtigt die 'dialektische Natur' des Menschen ebenso wie BUBER. Mit REISER bin ich der Meinung, daß sich TZI auch in bezug auf die pädagogische Praxis realisieren läßt (vgl. a.a.O. S. 261). Für den Schulunterricht bedeutet dies:

Die Unterrichtsplanung wird gut strukturiert sein müssen bei gleichzeitiger Offenheit für spontane Anregungen oder Veränderungswünsche von seiten der Kinder. Es sollte so viel Freiraum bestehen, daß die Reaktionen der Kinder auf ein bestimmtes Stoffangebot aufgegriffen werden und ein Teil des Lerngegenstands werden können. Die Chance der TZI liegt vor allem auch darin, daß Unbewußtes zum Thema gemacht werden kann. "*Erst wenn die persönlichen Anknüpfungen und Bedürfnisse eingebracht waren, war es ihnen möglich, mit neutralisierter Energie an der Sache zu arbeiten*" (a.a.O. S. 265).

TZI stellt also durchaus eine Erweiterung des Dialogischen Prinzips dar. Die Faktoren 'Gruppe' und 'Sachlichkeit' werden in das erzieherische Verhältnis miteinbezogen. In bezug auf die pädagogische Praxis hat die TZI den Vorteil, daß sie nicht nur eine Haltung beschreibt, sondern auch eine Methodik liefert, die bei aller Strukturiertheit noch genügend Raum für die individuelle Gestaltung läßt.

Die ethischen Grundlagen der TZI lassen sich als 'humanistisch' bezeichnen und sind sowohl vor dem Hintergrund des Judentums als auch der Existenzphilosophie zu verstehen. Sie entbehren jedoch einer anthropologischen Fundierung. Aus diesem Grund kann man nicht behaupten, die sonderpädagogische Suche nach einer philosophisch-anthropologischen Begründung finde diese in dem Konzept der TZI. Die TZI, weder reine Methodik noch anthropologisches Konstrukt, ist eher zwischen Pädagogik und Philosophie anzusiedeln, etwa als 'Metamethodologie' von Pädagogik.

Die ethischen Positionen, die die Anwendung der TZI für inhumane Ziele verhindern sollen, bieten nach meiner Ansicht keinen ausreichenden Schutz gegen Vereinnahmungen, die der Gründeridee entgegenstehen. Ethische Grundsätze bedürfen m.E. der Anlehnung an 'äußere' Maßstäbe, wenn sie nicht mit dem Befinden oder der persönlichen Einstellung einer Person oder

Personengruppe stehen und fallen sollen. Es bietet sich daher geradezu an, die 'Begründungslücke' in COHNs Modell mit der Dialogischen Philosophie zu schließen.

Strebte man auf dem Hintergrund des Dialogischen Prinzips und mit Hilfe der TZI-Methodik ernsthaft eine Dialogisierung der Verhältnisse für den Bereich der Schule an, müßte dies die Funktionen und Ziele von Schule grundlegend ändern: *Kooperation* statt Selektion, *Verantwortung* statt Konkurrenz, *Mündigkeit des Individuums* statt Legitimation der gesellschaftlichen Strukturen.

4 SCHLUßBEMERKUNG

Da der Mensch seit jeher die Frage nach dem Sinn und Ziel seines Daseins stellt, kann auch die Pädagogik nicht umhin, diese Frage in ihren Konzeptionen mitzuberücksichtigen.

Erziehung, die sich auf den 'ganzen Menschen' richtet, bedarf einer Begründung im Sinne einer philosophisch-anthropologischen Fundierung.

Vorstellungen über das Wesen des Menschen, über Sinn und Wert des Menschenlebens verleihen der Pädagogik - über die konkreten gesellschaftlich bedingten Teilfunktionen hinweg - eine Ausrichtung auf das 'Eigentliche' im Leben, auf die Aufgabe des Menschen in der Welt und seine Erfüllung.

Beruhen Erziehungsmodelle auf einer grundlegenden Lebensanschauung, erhalten sie dadurch eine transzendierende Dimension.

Daraus ergibt sich ein Spannungsverhältnis zwischen Realität und gleichzeitiger Hoffnung auf einen gesellschaftlichen Zustand, in dem der Mensch sich seinem Wesen gemäß verwirklichen kann.

In der Hoffnung aber liegt die eigentliche Motivation zur Realitätsbewältigung, sie bewirkt gesellschaftliches Handeln.

Diese transzendierede Dimension von Erziehung kommt in unseren Schulen nicht bzw. kaum zur Geltung.

Sie hat sich höchstens in Moralvorstellungen niedergeschlagen, die jedoch ihrerseits oft ohne persönliche Überzeugung vertreten werden und sich als Selbstzweck entlarven.

So gehört es in unserer Gesellschaft z. B. zum 'guten Anstand', daß die jüngeren Bürger die älteren, begegnen sie diesen auf der Straße, *zuerst* grüßen.

Dies wird jedoch nicht etwa praktiziert, weil die Alten in unserer Gesellschaft diejenigen sind, die wegen ihrer Lebenserfahrung geachtet werden und bei denen man sich als junger Mensch die entscheidenden Ratschläge holt, denn das Gegenteil ist oft der Fall.

Es handelt sich hier vielmehr um eine von unzähligen sinnentleerten Anpassungsstrukturen, deren Einhaltung - und dies in besonderm Maße im Bereich der Schule - durch die Androhung negativer Selektion durchgesetzt werden kann.

Neben dem motivationalen Aspekt (Hoffnung), der aus einer übergreifenden Idee vom Menschen entsteht, stellen die anthropologischen Vorstellungen auch einen Schutz der Pädagogik vor gegenwärtigen gesellschaftlichen Strömungen dar. Eine philosophische Fundierung ist also nicht zu verwechseln mit einer ideologischen Ausrichtung von Pädagogik; im Gegenteil, letztere würde einen Mißbrauch der ersteren bedeuten.

Durch eine philosophische Grundlegung kann Erziehung sich gesellschaftlichen Forderungen nach bedingungsloser Verfügbarkeit widersetzen.

Die Dialektik einer so verstandenen Erziehung liegt m.E. nicht zuletzt darin, daß sie - eine 'bessere' Gesellschaft intendierend - sich den konkreten gesellschaftlichen Machtinteressen aufgrund ihrer anthropologischen Grundvorstellung verweigern kann.

Erziehung von Subjekten geschieht um der Menschen willen und kann ihrem Wesen nach nicht zum Instrument werden. Das gilt auch für die Pädagogik Martin BUBERs: Sich als durchgängige Apologie des Subjekts darstellend, würde es einen Widerspruch in sich bedeuten, wollte man BUBERs Vorstellungen instrumentarisieren.

5 LITERATUR

BELKE, F.: Dialogischer und pädagogischer Bezug in Martin BUBERs Konzeption des Relationalen. In: Vierteljahresschr. für wiss. Päd. 1963, Heft 4.

BLEIDICK, U.: Pädagogik der Behinderten. Berlin-Charlottenburg, 1972.

BRAUNMÜHL, E.V.: Antipädagogik. Weinheim/Basel 1975

BUBER, M.: Die jüdische Mystik (1906). In: Martin BUBER: Werke 3. Bd., München/Heidelbg. 1963
- ders.: Vom Leben der Chassidim (1908). In: Martin BUBER: Werke 3. Bd., München/Heidelbg. 1963
- ders.: Mein Weg zum Chassidismus (1917). In: Martin BUBER Werke 3. Bd., München/Heidelbg. 1963
- ders.: Ich und Du (1923). In: Das dialogische Prinzip. Heidelbg. 1984
- ders.: Rede über das Erzieherische (1925). In: Reden über Erziehung. Heidelbg. 1986
- ders.: Zwiesprache (1932). In: Das dialogische Prinzip. Heidelbg. 1984
- ders.: Bildung und Weltanschauung (1935). In: Reden über Erziehung. Heidelbg. 1986
- ders.: Die Frage an den Einzelnen (1936). In: Das dialogische Prinzip. Heidelbg. 1984
- ders.: Über Charaktererziehung (1939). In: Reden über Erziehung. Heidelbg. 1986
- ders.: Das Problem des Menschen (1947). In: Dialogisches Leben. Zürich 1947
- ders.: Der Weg des Menschen nach der chassidischen Lehre (1948). In: Martin BUBER: Werke 3. Bd., München/Heidelbg. 1963
- ders.: Die Erzählungen der Chassidim (1949). In: Martin BUBER: Werke 3. Bd., München/Heidelbg. 1963
- ders.: Urdistanz und Beziehung. Heidelbg. 1951
- ders.: Die chassidische Botschaft (1952). In: Martin BUBER: Werke 3. Bd., München/Heidelbg. 1963
- ders.: Elemente des Zwischenmenschlichen (1953). In: Das dialogische Prinzip. Heidelbg. 1984

BUCHER, T.: Dialogische Erziehung. Einsiedeln/Zürich/Köln 1968
- ders.: Dialogische Erziehung. Bern/Stuttgart, 1983

BÜRLI, A. (Hg.): Sonderpädagogische Theorienbildung - Vergleichende Sonderpädagogik. Luzern 1977

COHN, R.: Von der Psychoanalyse zur themenzentrierten Interaktion. Stuttgart 1981

EBERWEIN, H.: Lernbehinderte als Zielgruppe einer emanzipatorischen Didaktik?. In: IBEN, G. (Hg.): Heil-und Sonderpädagogik. Kronberg/Ts. 1975

EBNER, F.: Das Wort und die geistigen Realitäten. Innsbruck 1921

FABER, W.: Das dialogische Prinzip Martin BUBERs und das erzieherische Verhältnis, Ratingen 1960
- ders.: Person und Du. In: SPECK, J. (Hg.): Das Personverständnis in der Pädagogik und ihren Nachbarwissenschaften, Bd. II. Ratingen 1967

FEUERBACH, L.: Philosophie der Zukunft, hrsg. v. Ehrenberg, H.. Stuttg. 1922

FEUSER, G.: Autismus heute - Forderungen an morgen. In: Bundesverband Hilfe für d. autist. Kind e. V.: Grundlagen der Pädagogik autist. Kinder unter bes. Berücks. ihrer schul. Erziehung und Bildung, 3/1984
- ders.: Integration: Humanitäre Mode oder humane Praxis?. In: Demokrat. Erziehung, 1/1986

FREUD, A.: Psychoanalyse für Pädagogen - Eine Einführung. Stuttg. 1971

GERSPACH, M.: Kritische Heilpädagogik - Überlegungen zu einer Neuorientierung aus psychoanalyt. Sicht, Diss. Ffm. 1980

HEITGER, M.: Wider den vermeintlichen Gegensatz von Mitmenschlichkeit und Sachlichkeit - eine falsche Antinomie in der gegenw. Päd.. In: Vjschr. für wiss. Pädagogik, Jg. 56, 1980

HOLTZ, K.-L. (Hg.): Sonderpädagogik und Therapie. Rheinstetten 1980

HORWITZ, R.: Ferdinand EBNER als Quelle für Martin BUBERs Dialogik in "Ich und Du". In: BLOCH, J. / GORDON, H. (Hg.): Martin BUBER - Bilanz seines Denkens. Freiburg i. B. 1983

HUBER, G.: Menschenbild und Erziehung bei Martin BUBER. Zürich 1960

JANTZEN, W.: Behindertenpädagogik - Persönlichkeitstheorie - Therapie. Köln 1978

KERKHOFF, E.: Erziehung als Beziehung. In: Sozialpädagogische Blätter, 1981

KLAFKI, W.: Dialogik und Dialektik in der gegenwärtigen Erziehungswissenschaft. In: GERNER, B. (Hg.): Martin BUBER. Pädagogische Interpretationen zu seinem Werk. München 1974

KLEBER, E. W. (Hg.): Zur Revision sonderpädagogischer Praxis. Berlin 1977

KOBI, E.E.: Grundfragen der Heilpädagogik. Bern/Stuttg. 1983
- ders.: Heilpädagogik als Dialog. In: LEBER, A. (Hg.): Heilpädagogik. Darmstadt 1980
- ders.: Heilpädagogik im Abriß. München/Basel 1977

KOBI, E. E, /BÜRLI, A. /BROCH, E. (Hg.): Zum Verhältnis von Pädagogik und Sonderpädagogik. Luzern 1984

KORNMANN, R.: Beratung und Begutachtung im Bereich der Verhaltensgestörtenpädagogik. Fernunivers. Hagen, 1982

LEBER, A. (Hg.): Heilpädagogik. Darmstadt 1980

LEBER, A. /REISER, H. (Hg.): Sozialpädagogik, Psychoanalyse und Sozialkritik. Darmstadt 1975

MEYER, H. L.: Trainingsprogramm zur Lernzielanalyse. Frankfurt 1974

MOOR, P.: Selbsterziehung. Bern 1971

NICKEL, H.: Beiträge zur Psychologie des Lehrerverhaltens. München/Basel 1974

PETZELT. A.: Grundfragen der Pädagogik. In: FISCHER, W. (Hg.).: Einführung in die pädagogische Fragestellung, Teil II. Freiburg 1963.
- ders.: Grundzüge systematischer Pädagogik. Freiburg 1964

PRENGEL, A.: Gestaltpädagogik. Weinheim/Basel 1983

QUITMANN, H.: Humanistische Psychologie. Göttingen/Toronto/Zürich 1985

REISER, H.: Integration psychoanalyt. Konzepte in die Arbeit mit Sonderschülern. In: FEUSER, G. (Hg.): Behinderte Pädagogik - Behindernde Pädagogik - Verhinderte Pädagogik. Vjschr. Behindertenpädagogik, Beiheft 3-5, Oberbriel 1977
- ders.: Zur Praxis der psychoanalyt. Erziehung in der Sonderschule. In: LEBER, A./REISER, H. (Hg.): Sozialpädagogik, Psychoanalyse und Sozialkritik. Darmstadt 1975
- ders.: Die Themenzentrierte Interaktion als pädagogisches System im Vergleich zur Gestaltpädagogik. In: PRENGEL, A. (Hg.): Gestaltpädagogik. Weinheim/Basel 1983

RITZEL, W.: Philosophie und Pädagogik im 20. Jahrhundert. Darmstadt 1980

RÖDLER, P.: Dialog - orientierte Pädagogik: Pädagogik für Schüler - Sonderpädagogik für Lehrer. In: KOBI, E.E./BÜRLI, A./BROCH, E. (Hg.): Zum Verhältnis von Pädagogik und Sonderpädagogik. Luzern 1984
- ders.: Sisyphos - Gedanken zur Reflexion des Autismus. In: Behindertenpädagogik, 24. Jg., Heft 3/1985

ROGERS, C. R.: Lernen in Freiheit. München 1974
- ders.: Therapeut und Klient. München 1977

ROGERS, C. R. /STEVENS, B.: Von Mensch zu Mensch - Möglichkeiten, sich und anderen zu begegnen. Paderborn 1984

ROSENZWEIG, F.: Der Stern der Erlösung. Frankfurt a. M. 1921

SCHILPP, P. A. /FRIEDMAN, M. (Hg.).: Martin BUBER. Stuttgart 1963

SCHNEEBERGER, F. (Hg.): Erziehungserschwernisse. Antworten aus dem Werk Paul MOORS. Luzern 1979

SCHÜßLER, R.: Das dialogische Prinzip. Seine Aktualität in Pädagogik und Psychotherapie. In: Päd. Rundschau 1977

SPECK, J. (Hg.): Das Personverständnis in der Pädagogik und ihren Nachbarwissenschaften, 2 Bände. Münster 1966 und Ratingen 1967

SPECK, O.: Wende der Sonderpädagogik. In: Sonderpädagogik 12/1982

SPITZ, R.: Vom Dialog. Stuttgart 1976

TISCHNER, W.: Der Dialog als grundlegendes Prinzip der Erziehung. Frankfurt a. M. 1985

TRESCHER, H.-G.: Theorie und Praxis der Psychoanalytischen Pädagogik. Frankfurt a. M. 1985

WEHR, G.: Der deutsche Jude. Martin BUBER. München 1977

WISSER, R.: Martin BUBER und die deutsche Philosophie. In: Martin BUBER - Leben, Werk, Wirkung. Heilbronner Vorträge. Heft 11, Heilbronn 1980

WLASSOWA, T. A.: Theoretische Grundlagen der frühzeitigen Korrektur und Kompensation eines Defektes. In: Die Sonderschule 20, Beiheft 2, 1975

WOELDIKE, A./GOSCHLER, W.: Rahmenüberlegungen zum Stichwort Integration. In: AG INTEGRATION WÜRZBURG (Hg.): Wege zur Integration. Würzburg 1986

WILLEHAD LANWER-KOPPELIN

IV DIALOGIK UND INDIVIDUALITÄT - ZUR AKTUALITÄT DES DIALOGISCHEN PRINZIPS VON MARTIN BUBER FÜR DIE (MATERIALISTISCHE) BEHINDERTENPÄDAGOGIK

1 VORBEMERKUNGEN

> *"Weil der Mensch das einzige uns bekannte Lebewesen ist, in dem sich geWISSERmaßen die Kategorie der Möglichkeit verkörpert hat und dessen Wirklichkeit unablässsig von den Möglichkeiten umwittert wird, bedarf er als das einzige unter allen der Bestätigung"*
>
> (MARTIN BUBER(1))

Die Gemeinsamkeit der materialistischen Behinderpädagogik und der dialogischen Philosophie von BUBER besteht darin, daß die 'soziale Vermittlung' bzw. das Verhältnis des 'Menschen zum Menschen' von zentraler Bedeutung ist. Die materialistische Behindertenpädagogik begreift die menschliche Entwicklung als einen sozial vermittelten Prozeß im tätigen, wechselseitigen Austausch zwischen Individuum und Umwelt als Wechselwirkungsprozeß der die Ganzheit der menschlichen Existenz absichernden Einheit der biotischen, psychischen und sozialen Ebenen der menschlichen Tätigkeit. Die menschliche Tätigkeit ist also im MARXschen Sinne zu bestimmen als 'Organ der Lebensäußerung', d.h. über die Tätigkeit erfolgt die 'Aneignung des menschlichen Lebens' (vgl. MARX MEW Bd. 40, S. 540 f).

Das Verstehen von 'Behinderung' und 'psychischer Krankheit' wird in diesem Sinne nicht als Ausdruck eines Defekts begriffen. Vielmehr werden die biologisch-organischen, neurophysiologischen und neuropsychologischen Beeinträchtigungen als die Tätigkeitsstruktur des Menschen erkannt, die sich entwicklungslogisch unter den ihm gegebenen Bedingungen als Aneigungsstruktur herausgebildet haben. Insofern sind für das Verstehen eines Menschen zugleich seine konkreten Lebensbedingungen, bzw. die Frage nach den gesellschaftlichen Verhältnissen, die die Lebensbedingungen hervorbringen mit einzubeziehen. Vor diesem Hintergrund wird 'Behinderung' und 'psychische Krankheit' als ein sozialer Prozeß definiert. 'Behinderung' und 'psychische Krankheit' stellen Möglichkeiten des menschlichen Seins dar und sind Ausdruck der Persönlichkeitsentwicklung eines Menschen unter 'isolierenden Bedingungen'(JANTZEN).

(1) (BUBER 1986[c], S. 73).

Erst wenn Merkmale oder Merkmalskomplexe durch soziale Interaktion oder Kommunikation in Beziehung gesetzt werden zu gesellschaftlichen Minimalvorstellungen in Bezug auf individuelle und soziale Fähigkeiten, wird der Mensch als 'behindert' bzw. 'psychisch krank' existent. In deren Folge wird der Mensch als 'behindert' oder 'psychisch krank' etikettiert, und seine Beeinträchtigung tritt dann in den Vordergrund, wenn festgestellt wird, daß er aufgrund seiner Merkmalsausprägung den o. a. Erwartungen und Vorstellungen nicht entspricht. Von diesem Zeitpunkt an ist die 'Behinderung' bzw. die 'psychische Krankheit' als ein sozialer Prozeß zu definieren. Das bedeutet, daß bedingt durch die 'isolierenden Bedingungen' 'Behinderung' und 'psychische Krankheit' sich nach Seiten des Individuums aufgrund der nicht gelingenden sozialen Vermittlung zwischen Individuum und Umwelt bzw. Gesellschaft realisieren(2).

In dem Prozeß des Erschließens eines Menschen geht es um die Zusammenhänge von Psychischem und Sozialem sowie von Biotischem und Psychischem. Der sogenannte Defekt bzw. die sogenannten psychischen Abweichungen in der Tätigkeit eines Menschen beschreiben in diesem Kontetxt die Art und Weise, wie sich ein Mensch die Welt erschließt. Diese Tätigkeit wird als eine Potenz erkannt, d.h. als eine Kompetenz, die es dem Menschen ermöglicht, sich aktiv mit seiner Umwelt austauschen zu können. In diesem 'So-Sein' spiegelt sich damit eine Möglichkeit des menschlichen Seins, das kein wesenmäßig anderes menschliches Sein darstellt (vgl.: JANTZEN 1987, S. 15 f), wider. Zugleich vollzieht sich über diese Tätigkeitsstruktur eines Menschen sein Werden, d.h. seine 'Selbstorganisation' nach den Gesetzmäßigkeiten der menschlichen Entwicklungs- , Aneigungs- und Lernprozesse im aktiv tätigen Austausch mit der Umwelt als *"Ko-Evolution eines erfahrungsbildenden Systems"* (JANTSCH 1986, S. 269).

In dem So-Sein eines Menschen ist demnach sein Werden abhängig von seinen Verhältnissen zum anderen Menschen, d.h. daß das Werden eines Menschen determiniert wird durch die Reichhaltigkeit und Vielfalt seiner sozialen Bezüge und deren innewohnendem Moment der wechselseitigen sozialen Vermittlung. In diesem Kontext begreift BUBER vor dem Hintergrund seiner dialogischen Philosophie den Menschen in seiner Ganzheitlichkeit. Es geht ihm um den ganzen Menschen, *"und zwar um den ganzen Menschen sowohl seiner gegenwärtigen Tatsächlichkeit nach, in der er vor dir lebt, als auch seiner Möglichkeit nach, als was aus ihm werden kann"* (BUBER 1986[a], S. 65).

(2) vgl.: JANTZEN, W.: Allgemeine Behindertenpädagogik Band I + II, sowie JANTZEN, W.: Psychologischer Materialismus, Tätigkeitstheorie, Marxistische Anthropologie.

Von zentraler Bedeutung ist für BUBER in dem Verhältnis des Menschen zum Menschen, daß diese sich gegenseitig in ihrem Sein bestätigen. Bestätigung umfaßt in diesem Sinne, "*die andere Person in ihrer dynamischen Existenz, in ihrer spezifischen Möglichkeit...* (zu verstehen). *Es ist das Verborgene, denn im Gegenwärtigen liegt das, was werden kann, verborgen. Was in ihm angelegt ist, macht sich mir als das fühlbar, was ich am meisten bestätigen möchte*" (BUBER 1965, S. 185). Entsprechend schlußfolgert BUBER, "*daß sich in der schwersten Krankheit, die im Leben einer Person auftritt, zugleich die höchste Möglichkeit dieser Person kundgibt*" (ebd. S. 185). Insofern beinhaltet für BUBER die Therapie die Beeinflußung des Wachstums von Möglichkeiten eines Menschen. "*Heilung heißt nicht das Alte heraufholen, sondern das Neue, sie will nicht einen Nullpunkt, sondern ein positives Gegengewicht erreichen*" (ebd. S. 186).

Grundlegend für die dialogische Philosophie von BUBER ist die Erkenntnis, daß der Mensch nur in seinem Verhältnis zum Mitmenschen existent ist. "*Der Mensch kann zum Dasein nur gelangen, indem sein Gesamtbezug zu seiner Situation Existenz wird, d.h. indem alle Arten seines Lebensverhältnisses wesentlich werden*" (BUBER 1982, S. 124). Das Erkennen des Menschen ist demnach für BUBER verbunden mit dem Einbeziehen aller Lebensverhältnisse des Menschen zu allem Sein und seiner Beziehung zu allem Sein, wobei nach BUBER die Beziehung gekennzeichnet ist durch Gegenseitigkeit (vgl.: BUBER 1984, S. 19 f). Eine Wesensaussage über den Menschen ist in diesem Verständnis stets im Zusammenhang mit dem 'Dialogischen' zu begreifen. Das bedeutet, daß die menschliche Existenz nach BUBER in der Beziehung zwischen Mensch und Mensch zu ergründen ist, indem der Mensch erst am Mitmenschen zu seiner eigenen Wirklichkeit findet. Die menschliche Wirklichkeit charakterisiert BUBER als etwas, "*das sich zwischen Mensch und Mensch, zwischen Ich und Du vollzieht*" (BUBER 1965, S. 84).

Diese von BUBER entwickelte Philosophie des dialogischen Seinprinzips basiert auf einer philosophischen Anthropologie. Ausgehend von der vierten Frage KANTs, 'Was ist der Mensch?' erarbeitet BUBER seine philosophische Anthropologie. Der zentrale Grundgedanke seiner Anthropologie ist, daß diese Frage KANTs, nicht beantwortet werden kann, wenn der Mensch primär als Individuum, als autonomes Wesen betrachtet wird. "*Nur wenn wir die menschliche Person in ihrer ganzen Situation, in ihren Beziehungsmöglichkeiten auch zu allem, was nicht sie ist, zu fassen versuchen, fassen wir den Menschen*" (BUBER 1982, S. 125). Das Verhältnis des Menschen mit dem Menschen umfaßt in diesem Sinne, daß der Mensch "*in seinem Wesen und in seiner Existenz von seinen Mitmenschen bestätigt werden will und daß er wünscht, sie möchten ihm ermöglichen, sie zu bestätigen*" (BUBER 1965, S. 84). Unter dem Wesen des

Menschen versteht BUBER *"das in einer Person eigentümlich Angelegte, das, was zu werden sie bestimmt ist"* (BUBER 1958, S. 26). Für BUBER stellt dieser Zusammenhang das *"das unentbehrliche Minimum der Humanität"* (BUBER 1965, S. 85) dar. Damit verbindet BUBER mit dem Dialogischen etwas Prinzipielles, eine Wesensaussage über den Menschen.

In diesen kurzen Erläuterungen ist erkennbar, daß die Hervorhebung des Verhältnisses des Menschen mit dem Menschen gleichermaßen für BUBERs dialogische Philosophie als auch für die materialistische Behindertenpädagogik konstitutiv sind. *"Mensch sein heißt, das gegenüber seiende Wesen sein"* (BUBER 1986[b], S. 83). Das Sein des Menschen ist für BUBER insoweit menschliches Sein als das es stets nur ein Sein in der Beziehung zum Menschen ist. Diese Grundposition von BUBER ist ebenso in den 'Ökonomisch-philosophischen Manuskripten (1844)' von MARX wiederzufinden. *"Wenn der Mensch sich selbst gegenübersteht, so steht ihm der andre Mensch gegenüber"* (MARX: MEW 40, S. 517-518). MARX betont in diesem Zusammenhang, daß *"das Verhältnis des Menschen zu sich selbst ihm erst gegenständlich, wirklich ist durch sein Verhältnis zu dem andern Menschen"* (ebd. S. 519). Der Mensch kann sich, so MARX, *"nur menschlich zu der Sache verhalten, wenn die Sache sich zum Menschen menschlich verhält"* (ebd. S. 540). Das bedeutet für MARX: *"Setze den Menschen als Menschen und sein Verhältnis zur Welt als ein menschliches voraus, so kannst du Liebe nur gegen Liebe austauschen, Vertrauen nur gegen Vertrauen etc. Wenn du die Kunst genießen willst, mußt du ein künstlerisch gebildeter Mensch sein; wenn du Einfluß auf andre Menschen ausüben willst, mußt du ein wirklich anregend und fördernd auf andere Menschen wirkender Mensch sein. Jedes deiner Verhältnisse zum Menschen - und zu der Natur - muß eine bestimmte, dem Gegenstand deines Willens entsprechende Äußrung deines wirklichen individuellen Lebens sein. Wenn du liebst, ohne Gegenliebe hervorzurufen, d.h., wenn dein Lieben als Lieben nicht die Gegenliebe produziert, wenn du durch deine Lebensäußrung als liebender Mensch dich nicht zum geliebten Menschen machst, so ist deine Liebe ohnmächtig, ein Unglück"* (ebd. S. 567). Entsprechend schlußfolgert MARX: *"Die Wurzel für den Menschen ist aber der Mensch selbst.... daß der Mensch das höchste Wesen für den Menschen sei, also mit dem kategorischen Imperativ, alle Verhältnisse umzuwerfen, in denen der Mensch ein erniedrigtes, ein geknechtetes, ein verlassenes, ein verächtliches Wesen ist ... "* (MARX: MEW 1, S. 385). BUBERs Imperativ ist vor dem Hintergrund seiner philosophischen Anthropolgie als ein dialogischer zu bezeichnen, der gekennzeichnet ist durch die Verwirklichung des Lebens zwischen Mensch und Mitmensch und in der Aufforderung mündet: *"Du sollst dich nicht vorenthalten"* (BUBER 1953, S. 290). Das bedeutet, *"wer das helfende Wort in sich aufruft, erfährt das Wort. Wer Halt gewährt, verstärkt in sich den Halt. Wer Trost spendet, vertieft in sich den Trost. Wer Heil wirkt, dem offenbart sich das Heil*" (ebd. S. 292).

Die Aussage von MARX, daß sich eine Sache nur dann als menschlich erweist, wenn die Sache sich zum Menschen menschlich verhält, bedeutet für den pädagogisch/therapeutischen Prozeß eine Erklärung dessen, was unter dem Menschlichen verstanden wird. Es geht um eine Offenlegung und Erläuterung, vor welchem Hintergrund, d.h. vor welchem Menschenbild sich der pädagogisch/therapeutische Prozeß ereignet. Das pädagogisch/therapeutische Denken und Handeln orientiert sich maßgeblich an dem Menschenbild, das diesem zugrunde liegt. Einführend sind einige Grundpositionen der materialistischen Behindertenpädagogik angeführt worden, die als grobe Orientierung für pädagogisch/therapeutisches Handeln zu verstehen sind. In der Gegenüberstellung dieser Positionen mit der dialogischen Philosophie von BUBER zeigt sich, daß seine Grundgedanken durchaus den Positionen der materialistischen Behindertenpädagogik entsprechen. Im weiterem Verlauf der nun folgenden Ausführungen werden Aspekte des dialogischen Prinzips von BUBER erläutert um zu verdeutlichen, daß vor diesem Hintergrund das Sein und Werden eines Menschen sich stets nur im Verhältnis zwischen Mensch und Mensch, zwischen Ich und Du vollzieht. Folglich sind aus der dialogischen Philosophie von BUBER Erkenntnisse abzuleiten, die das Erschließen der Potentialität des Menschen im Verhältnis des Menschen zum Menschen aufzeigen, und damit zugleich dazu beitragen, Antworten auf die Frage nach dem menschlichen Wesen zu geben. Mithin besteht die Bedeutung des dialogischen Prinzips von BUBER für die materialistische Behindertenpädagogik darin, daß hier Aspekte der sozialen Verfaßtheit des Menschen, als ein grundlegendes, konstitutives Moment des Menschseins aufgezeigt werden, die als Ausgangspunkt für die pädagogisch/therapeutische Haltungen und Handlungen im Sinne des Strebens nach Menschlichkeit und menschenwürdiger Daseinsgestaltung zu begreifen sind.

2 Die philosophische Anthroplogie als Grundlegung des dialogischen Prinzips

Das dialogische Prinzip von BUBER basiert auf einer philosophischen Anthropologie. Die philosophische Anthropologie zielt darauf, selbst den Menschen zu erkennen, "*denn in der philosophischen Anthropologie ist dem Menschen eben er selbst im genauesten Sinn zum Gegenstand gegeben*" (BUBER 1982, S. 18-19). BUBERs philosophische Anthropologie basiert auf folgende methodische Grundsätze: "*Der philospohische Anthropolog aber muß nicht weniger als seine leibhafte Ganzheit, sein konkretes Selbst einsetzen. Und mehr noch. Es genügt nicht, wenn er sein Selbst als* ***Objekt*** *des Erkennens einsetzt. Die* ***Ganzheit*** *der Person und durch sie die Ganzheit des* ***Menschen*** *erkennen kann er erst dann, wenn er seine* ***Subjektivität*** *nicht draußen läßt und nicht unberührter Betrachter bleibt. Sondern er muß in den Akt der Selbstbesinnung in Wirklichkeit ganz eingehen, um der menschlichen Ganzheit inne werden zu können. Mit anderen Worten: er muß diesen Akt des Hineingehens in jene einzigartige Dimension als* ***Lebensakt*** *vollziehen, ohne vorbereitete philosophische Sicherung, er muß sich also alledem aussetzen, was einem widerfahren kann, wenn man wirlich lebt*" (ebd. S. 20). In diesem Verständnis liegt für BUBER die Betonung der philosophischen Anthropologie in dem Prozeß des Hineingehens in die Wirklichkeit. Ein weiterer von BUBER formulierter Aspekt der philosophischen Anthropologie umfaßt die *"Betrachtung des Wesenszusammenhangs der menschlichen Person mit allem Sein und ihre Beziehung zu allem Sein*" (ebd. S. 124). Das bedeutet, daß das Problem der philosophischen Anthropologie zugleich das *"Problem einer spezifischen Ganzheit und ihres spezifischen Zusammenhangs*" (ebd. S. 87) ist. Mithin sind in den Prozeß der philosophischen Anthropologie alle Lebensverhältnisse des Menschen, die er einzugehen vermag, mit einzubeziehen. Diese methodischen Anmerkungen zur philosophischen Anthropologie können als charakteristisch für die methodischen Grundlegungen des gesamten Werkes von BUBER betrachtet werden.

Die Herleitung des geistesgeschichtlichen Hintergrundes des dialogischen Prinzips ist also für BUBER verknüpft mit der anthropologischen Frage. Dabei geht BUBER davon aus, daß sich der Mensch jeweils zu den Zeiten mit der 'streng anthroplogischen Frage' beschäftigte, *"in denen gleichsam der Urvertrag zwischen der Welt und dem Menschen gelöst wird und der Mensch sich in der Welt als Fremder und Einsamer vorfindet*" (ebd. S. 33). Die anthropologische Frage beinhaltet insofern die Ganzheit des Menschen in all seinen Bezügen, denn nur *"aus dem stets neuen Erweis des Einen im Vielen kann sie die Ganzheit des Menschen erblicken*" (ebd. S. 18). Die anthropologische Fragestellung ist in diesem Verständnis zu begreifen als eine Selbstbesinnung des Menschen, *"und der Mensch kann sich eben nur so besinnen, daß sich zunächst die erkennende Person, der Philosoph also, der Anthropologie treibt, auf sich selbst besinnt"* (ebd. S. 19).

In diesem Zusammenhang kann nun nicht weiter auf den geistesgeschichtlichen Hintergrund des dialogischen Prinzips von BUBER eingegangen werden(3). Maßgeblich beeinflußt haben BUBER FEUERBACH und KIERKEGAARD. BUBERs Verdienst auf dem philosohischen Feld liegt, wie WEHR herausarbeitet, darin, daß er eine Synthese aus der der scheinbar religiösen Position KIERKEGAARDs und der scheinbar atheistischen Position FEUERBACHs schuf (vgl.: WEHR 1968, S. 86 f). BUBER selbst bezeichnet FEUERBACH und KIERKEGAARD als 'Ahnen' des dialogischen Prinzips. *"Ja und Nein zu ihnen war ein Teil meines Daseins geworden ... das mir immer mehr zur Lebensachse wurde"* (BUBER 1986[a], S. 81-82).

BUBERs Philosophie ist durchdrungen von anthropologischen Fragestellungen. In seinem Aufsatz 'Aus einer philosophischen Rechenschaft' formuliert er: *"Das Philosophieren mußte wesentlich ein anthropologisches sein; in seiner Mitte mußte, sich jeweils verdeutlichend, die Frage stehen, wie der Mensch möglich sei ... "* (BUBER 1962, S. 1113). In 'Urdistanz und Beziehung', einer der wichtigsten philosophischen Schriften von BUBER, versucht BUBER die Frage nach dem 'Prinzip des Menschseins' zu beantworten.

2.1 Urdistanz und Beziehung

Der anthroplogische Ansatz von BUBER umfaßt also die Frage nach dem Prinzip des Menschseins. In 'Urdistanz und Beziehung' versucht BUBER diese für das dialogische Prinzip grundlegende Frage zu klären. BUBER geht es also darum, *"die Seinskategorie, die mit dem Namen des Menschen bezeichnet wird, in all ihrer Paradoxie und Tatsächlichkeit zu betrachten, um in Erfahrung zu bringen, worin sie ihren Grund und Anfang hat"* (BUBER 1978, S. 9). Das Prinzip eines Seins ist für BUBER nicht anders zu erschließen, als daß *"man die Wirklichkeit dieses Seins gegen die Wirklichkeit anderen bekannten Seins sich abheben läßt"* (ebd. S. 9-10). Für den Akt des 'Sich-abheben-lassens' bezieht sich BUBER auf

(3) siehe hierzu: BUBER, M.: Das Problem des Menschen. In diesem Werk versucht BUBER die Erkenntnis des dialogischen Prinzips historisch einzuordnen und gegen zeitgenössische Theorien kritisch abzuheben.

die Natur, d.h., daß nicht die Merkmale des Menschen, die ihn vom Tier unterscheiden im Mittelpunkt stehen, sondern es gilt zu untersuchen, worin die Gesamtheit dieser Merkmale ihren 'Seinsgrund' hat. "*Nur so wird uns kund, daß und warum diese Gesamtheit der unterschiedlichen Merkmale nicht lediglich eine besondre Gruppe der Lebewesen, sondern eine besondre Seinsweise, somit eine eigne Kategorie des Seins konstituiert*" (ebd. S. 10-11).

Über den Prozeß des 'Sich-abheben-lassens' gelangt BUBER zu der Erkenntnis, daß "*das Prinzip des Menschseins kein einfaches, sondern ein doppeltes ist, in einer doppelten Bewegung sich aufbauend, und zwar solcher Art, daß die eine Bewegung die Voraussetzung der anderen ist*" (ebd. S. 11). Die erste Bewegung bezeichnet BUBER als die 'Urdistanzierung' und die zweite als das 'In-Beziehung-treten'. Für BUBER erklärt sich die Voraussetzung der Urdistanz für die Beziehungsbewegung insofern, als daß "*man nur zu distanziertem Seienden, genauer: zu einem ein selbstständiges Gegenüber gewordenen, in Beziehung treten kann. Ein selbstständiges Gegenüber gibt es nur für den Menschen*" (ebd. S. 11). Ersichtlich bedient BUBER sich in der Befassung mit der Frage nach dem Prinzip des Menschseins einer Erklärung, innerhalb derer der Mensch nicht als ein in sich ruhendes, autonomes, für sich lebendes Wesen erkannt wird, sondern es geht ihm um die Seinsverhältnisse des Menschen, die er als eine doppelte, sich gegenseitig bedingende Bewegung bestimmt.

Das Doppelverhältnis des Menschen, gekennzeichnet durch die Fähigkeit des Distanzierens gegenüber dem ihn Umgebenden und dem damit zusammenhängenden In-Beziehung-treten, beschreibt für BUBER die Kategorie des Menschen. BUBER begreift in diesem Sinne die Urdistanz als eine "*elementare Voraussetzung aller menschlichen Beziehungen*" (BUBER 1962, S. 1114). Es handelt sich dabei nicht, wie BUBER betont, um eine 'reflektierte Haltung', sondern um einen "*Urakt, die Urhaltung des Menschen, die ihn zum Menschen macht.* " (ebd. S. 1115). Das bedeutet, daß die Urdistanz die "*Wahrnehmungsweise* (ist), *die den Menschen vom Tier unterscheidet*" (ebd. S. 1115). BUBER leitet hieraus eine kategoriale Bestimmtheit des Menschen ab, d.h., daß der Mensch das Wesen ist, "*durch dessen Sein das Seiende von ihm abgerückt wird*" (ebd. S. 1115). Das Wesentliche für BUBER innerhalb dieses Prozesses besteht darin, daß dieser "*nicht durch Reflektion, sondern durch das menschliche Sein*" (ebd. S. 1115) vollzogen wird. Das Doppelprinzip des Menschseins, Urdistanz und In-Beziehung-treten, sind also nicht als zeitliche Aufeinanderfolgen zu verstehen, sondern es ist, wie BUBER hervorhebt, "*kein Einer-Welt-Gegenübersein denkbar, das nicht auch schon ein Zu-ihr-als-Welt-sich-verhalten*" (BUBER 1978, S. 15) mit beinhaltet. Mithin impliziert die Urdistanz zugleich den 'Umriß eines Beziehungsverhaltens'.

Der Begriff Welt wird von BUBER in der Ergründung der Kategorie Mensch in strenger Abgrenzung von den Tieren bestimmt. BUBER hält es für unzulässig, den Begriff Welt überhaupt außerhalb der menschlichen Wirklichkeit anzuwenden. Das Tier, so BUBER, ist gefangen in der Wirklichkeit seines Wahrnehmungsbereiches, über den es nie hinausgelangen kann. Die Wirklichkeit des Menschen hingegen umfaßt weit mehr als seine unmittelbare Umgebung, d.h. der Mensch verfügt über die Fähigkeit, zu distanzieren, indem er die Wirklichkeit als von sich abgehoben, als selbstständig, ihm gegenüberstehend erleben kann. BUBER schlußfolgert daraus, nur mit dem Menschen, *"mit seinem Menschsein gibt es eine Welt"* (ebd. S. 13). Der Begriff Welt ist insofern streng gebunden an den Menschen. *"Erst wenn einem Seienden ein Seinszusammenhang selbstständig gegenüber, selbstständiges Gegenüber ist, ist Welt"* (ebd. S. 14). Daraus folgt: *"Eben wenn und insofern es Welt gibt, gibt es den sie bedingenden Menschen im Sinn nicht einer Gattung der Lebenwesen, sondern einer in die Wirklichkeit gekommenen Kategorie"* (ebd. S. 14-15).

Die Kategorie Mensch bedingt in diesem Verständnis den Begriff Welt. Das bedeutet, daß die Welt insofern einen menschlichen Sinn hat, als daß sie die Voraussetzungen menschlicher Beziehungen ist bzw. in der Bestimmung von BUBER eine Voraussetzung von Beziehungen darstellt. Für BUBER befindet sich der Mensch in einem Verhältnis zur Welt, das sowohl ein der Welt gegenüberseiendes und zugleich ein sich zu ihr verhaltendes ist. Von Bedeutung ist in diesem Zusammenhang, daß BUBER Urdistanz und In-Beziehung-treten als die anthropologische Grundlegung der Ich-Du und Ich-Es Verhältnisse des Menschen verstanden wissen will. Die Dialektik der Ich-Du und der Ich-Es Verhältnisse des Menschen erklärt BUBER damit, daß der Mensch in seiner Urdistanz über zwei Möglichkeiten verfügt: *"es steht ihm zu, das ihn Umgebende, auch das ihn Umlebende mitsammmen in dessen Abgerücktheit zu belassen, als das ihm als sein Objekt Zugehöriges, als Es, und es steht ihm zu, je und je, Mal für Mal, sich einem Seienden als seinem Gegenüber zuwendend, dieses Seiende wirklich meinend, mit ihm als mit seinem Du zu kommunizieren"* (BUBER 1962, S. 1115). Mithin kann über den Akt des Distanzierens der Prozeß des In-Beziehung-tretens folgen, der aber nicht notwendigerweise erfolgen muß. Die Verwirklichung des Menschen ereignet sich über die Beziehung des Menschen zum Menschen, indem über den Akt des Distanzierens der Möglichkeitsraum für das In-Beziehung-treten sich konstituiert hat. BUBER gebraucht in diesem Zusammenhang den Begriff 'Synthetische Anschauung'. Das Ereignis des In-Beziehung-tretens zur Welt insgesamt kennzeichnet BUBER als 'synthetische Anschauung', d.h. *"Akt und Werk des In-Beziehung-tretens zur Welt als solcher - also nicht zu den Bestandteilen ihrer und nicht zu aller Summe, sondern zu ihr als Welt - dürfen wir als synthetische Anschauung bezeichnen, wofern wir nur feststellen, daß dieser Begriff in diesem seinen prägnanten Gebrauch die Einheitsfunktion involviert: synthetische Anschauung nennen wir die Anschauung eines Seienden als Ganzheit und Einheit*" (BUBER 1978, S. 16).

Die Urdistanz beschreibt in diesem Sinne die Daseinswirklichkeit des Menschen, sie liefert für sich genommen aber noch nicht die Anschauung eines Seienden als Ganzheit und Einheit, d.h. sie entspricht noch nicht der Wirklichkeit des menschlichen Seins. "*Nur die Anschauung des mir gegenüber welthaft Wesenden in seiner vollen Gegenwärtigkeit, zu der ich, selber als Gesamtperson gegenwärtig, mich in Beziehung gesetzt habe, gibt mir die Welt wahrhaft als ganze und eine. Denn nur in solchem Gegenüber ist der Bereich des Menschen und alles seinen Bereich im Geist Ergänzende letztlich eins* " (ebd. S. 17). Hieraus leitet BUBER das 'Eigentümliche am Menschsein' ab, nämlich daß "*der Allheit ein Wesen entsprungen ist, begabt und befugt sie als Welt von sich abzusetzen und sie sich zum Gegenüber zu machen, statt wie alle andern sich mit seinen Sinne sein notdürftiges Teil aus ihr zu schneiden und damit auszukommen. Diese dem Menschen verliehende Gabe und Befugnis treibt aus der Allheit des Weltseins hervor, das immer nur bedeuten kann, für den Menschen eben als Für-sich-seinendes da zu sein, zu dem er in Beziehung zu treten vermag*" (ebd. S. 18).

Vor diesem Hintergrund formuliert BUBER die Beantwortung der Fragen 'Wie ist der Mensch möglich?', und 'Wie verwirklicht sich das Menschsein?'. Die Urdistanz beantwortet die 'streng kategoriale Frage' wie der Mensch möglich sei, und die Beziehung beantwortet die 'kategorial-geschichtliche Frage' wie verwirklicht sich der Mensch? "*Die Urdistanz stiftet die menschliche Situation, die Beziehung das Menschwerden in ihr*" (ebd. S. 20). Insofern verweist BUBER auf die Korrelation der Daseinswirklichkeit des Menschen mit dem Wirklichsein des Seins, wobei für ihn durch das In-Beziehung-treten sich das eigentliche Menschsein realisiert.

An dem Verhältnis der Menschen zueinander versucht BUBER das Doppelprinzip des Menschseins noch deutlicher zu präzisieren. Hinsichtlich der Verhältnisse der Menschen untereinander ist für ihn das Menschsein in der menschlichen Gesellschaft dadurch grundgelegt, daß die Menschen sich "*einander praktisch in ihrer persönlichen Beschaffenheit und Befähigung* (bestätigen) ... *man darf eine Gesellschaft in dem Maße eine menschliche nennen, als ihre Mitglieder einander bestätigen*" (ebd. S. 26). Dabei ist für BUBER das "*Fundament des Mensch-mit-Mensch-seins ... dies Zweifache und Eine: der Wunsch jedes Menschen, als das was er ist, ja was er werden kann, von Menschen bestätigt zu werden, und die dem Menschen eingeborene Fähigkeit eben so zu bestätigen*" (ebd. S. 28). Menschentum und Menschheit, betont BUBER, "*werden in echten Begegnungen... Es ist den Menschen not und ihnen gewährt, in echten Begegnungen einander in ihrem individualisierten Sein zu bestätigen; aber darüber hinaus ist ihnen not und gewährt, die Wahrheit, die die Seele erringt, der verbrüderten andern anders aufleuchten und eben so bestätigt werden zu sehn*" (ebd. S. 31-32).

Das Ereignis, das der Verwirklichung des Menschseins zugrunde liegt, bezeichnet BUBER als "*personale Vergegenwärtigung*" (BUBER 1984, S. 282) bzw. als 'dialogisches Innewerden'. Vor dem Hintergrund des Doppelprinzips des Menschseins eröffnet sich, "*das Verständnis der Vergegenwärtigung in ihrer ontologischen Bedeutung*" (BUBER 1978, S. 34-35). "*Die erste Bewegung des Menschseins* (die Urdistanz W. L.) *gibt mir die Menschen in das gegenseitige Sein, fundamental und gleichmäßig. Die zweite* (die Beziehung W. L.) *aber gibt sie mir in die gegenseitige Beziehung, je und je und höchst ungleichmäßig, je nachdem wir sie eben vollziehen. Die Beziehung erfüllt sich in der vollen Vergegenwärtigung, wo ich den anderen nicht bloß als eben diesen meine, sondern in der jeweiligen Approximation die ihm als eben diesem zugehörige Erfahrung erfahre. Hier und nun erst wird mir der andere zum Selbst, und die in der ersten, distanzierenden Bewegung erfolgte Verselbstständigung seines Seins erweist sich in einem neuen, höchst prägnanten Sinn als Voraussetzung: Voraussetzung dieser Selbstwerdung für mich, die aber nicht psychologisch, sondern streng ontologisch zu verstehen ist, eher also Selbstwerdung-mit-mir zu nennen ist. Ihre ontologische Vollständigkeit gewinnt diese aber erst, wenn der andere sich von mir in seinem Selbst vergegenwärtig weiß und dieses Wissen den Prozeß seines innersten Selbstwerdens induziert*" (ebd. S. 35-36).

Die 'personale Vergegenwärtigung' bzw. der Prozeß des 'Innewerdens' schließt zum einem das Wahrnehmen des Menschen in seiner 'Ganzheit, Einheit und Einzigkeit' mit ein, ist aber vor allem nur dann zu realisieren, "*wenn ich zu dem andern elementar in Beziehung trete, wenn er mir also Gegenwart wird*" (BUBER 1984, S. 284). Damit ist für BUBER das Ereignis, das die eigentliche elementare Beziehung konstituiert, die 'personale Vergenwärtigung' bzw. das 'dialogische Innewerden' des anderen. Im Zusammenhang der 'personalen Vergegenwärtigung' gebraucht BUBER den Begriff der 'Realphantasie', mittels derer der Prozeß des 'dialogischen Innewerdens' vollzogen werden kann. BUBER versteht unter 'Realphantasie' "*die Fähigkeit, sich eine in diesem Augenblick bestehende, aber nicht sinnenmäßig erfahrbare Wirklichkeit vor die Seele zu halten*" (BUBER 1978, S. 33), d.h. ein "*kühnes, fluggewaltiges, die intensivste Regung meines Seins beanspruchendes Einschwingen*" (BUBER 1984, S. 286) in den anderen. Die Realphantasie bedeutet, "*daß ich mir vorstelle, was ein anderer Mensch eben jetzt will, fühlt, empfindet, denkt, und zwar nicht als abgelösten Inhalt, sondern eben in seiner Wirklichkeit, das heißt, als einen Lebensprozeß dieses Menschen*" (BUBER 1978, S. 33). Über die Realphantasie kann ich die mir entgegentretende Person, "*die ich mir eben so und nicht anders in ihrer Ganzheit, Einheit und Einzigkeit und in ihrer all dies immer neu verwirklichenden dynamischen Mitte zu vergegenwärtigen versuchen*" (BUBER 1984, S. 286). Die Realphantasie schließt damit zugleich die durch die Begegnung, durch die "*existentielle Kommunikation zwischen einem Seienden und einem Werden-könnenden*" (ebd. S. 287) gewonnene Erkenntnis der Potentialität des anderen bzw. den Prozeß des Erschließens der Potentialität des anderen mit ein. Die in dem Prozeß der Realphantasie sich ereignende 'volle Vergegenwärtigung' ist damit kein Akt einer passiven Wahrnehmung, sondern ein aktiv teilhabendes Ereignis, indem der andere ein 'Selbst' für mich wird im Sinne einer Selbstwerdung-mit-mir. Die gegenseitige personale Vergegenwärtigung bzw. das dialogische Innewerden eines Menschen ist als ein Prozeß zu begreifen, in dem der Mensch vom Zentrum seiner Einheit, vom 'Geist' her zu erfassen ist: "*Eines Menschen innewerden heißt also im besonderen seine Ganzheit als vom Geist bestimmte Person wahrzunehmen, die dynamische Mitte wahrzunehmen, die all seiner Äußerung, Handlung und Haltung das erfaßbare Zeichen der Einzigkeit aufprägt*" (ebd. S. 284).

Das innere Werden des Selbst als Menschwerdung ereignet sich demnach, wie BUBER hervorhebt, zwischen dem einen und dem anderem Menschen, "*unter Menschen also vornehmlich aus der Gegenseitigkeit der Vergegenwärtigung - aus dem Vergegenwärtigen anderen Selbst und dem sich in seinem Selbst vom anderen Vergegenwärtigwissen - in einem mit der Gegenseitigkeit der Akzeptation, der Bejahung und Bestätigung*" (BUBER 1978, S. 36). Mithin konstitiert sich das Selbst des Menschen nicht aus seinem Verhältnis zu sich selbst, sondern aus der 'ontischen Partizipation' der Akzeptation, der Bestätigung und der Bejahung. Entsprechend schlußfolgert BUBER, daß der Mensch in seinem Sein durch den anderen bestätigt werden will und im Sein des anderen eine Gegenwart haben will. "*Die menschliche Person bedarf der Bestätigung, weil der Mensch als Mensch ihrer bedarf*" (ebd. S. 36).

Urdistanz und Beziehung umfassen also das Doppelprinzip des menschlichen Seins im Sinne der Daseinswirklichkeit des Menschen und die Wirklichkeit des Seins. Mithin sieht BUBER in der gegenseitigen Wechselbeziehung zwischen zwei Menschen eine "*Urchance des Seins... und zwar eine, die dadurch in die Erscheinung trat, daß es den Menschen gibt*" (BUBER 1984, S. 301). BUBERs anthropologische Philosophie gipfelt in der Erkenntnis: "*Die fundamentale Tatsache der menschlichen Existenz ist der Mensch mit dem Menschen. Was die*

Menschen eigentümlich kennzeichnet, ist vor allem andern dies, daß sich hier zwischen Wesen und Wesen etwas begibt, dessengleichen nirgends in der Natur zu finden ist" (BUBER 1982, S. 164). Entsprechend sieht BUBER den 'Absolutheitssinn' des menschlichen Lebens darin, *"daß es seine eigene Bedingtheit faktisch transzendiert, d.h. daß der Mensch das, dem er gegenübersteht und mit dem er in ein reales Verhältnis von Wesen zu Wesen treten kann, als nicht weniger wirklich sieht denn sich selbst, es nicht weniger ernst nimmt als sich selbst. Das menschliche Leben rührt an die Absolutheit durch seinen dialogischen Charakter, denn trotz seiner Einzigkeit kann der Mensch, wenn er auf seinen Grund taucht, nie ein Sein finden, das in sich ganz ist und als solches schon an das Absolute rührt; nicht durch ein Verhältnis zu seinem Selbst, sondern nur durch ein Verhältnis zu einem anderen Selbst kann der Mensch ganz werden. Dieses andere Selbst mag ebenso begrenzt und bedingt sein wie er, im Miteinander wird Unbegrenztes und Unbedingtes erfahren"* (ebd. S. 101-102).

Ein weiteres Moment der Anthropologie von BUBER ist die von ihm eingeführte Kategorie des 'Zwischen' bzw. die 'Sphäre des Zwischenmenschlichen', die als eine Präzisierung und Weiterführung der Kategorie 'Beziehung' zu verstehen ist. Als die Sphäre des Zwischenmenschlichen beschreibt BUBER nicht das Verhältnis des Menschen zum Menschen überhaupt, *"sondern die Aktualisierung dieses Verhältnisses. Das Zwischenmenschliche ist etwas, was sich jeweils zwischen zwei Menschen begibt; damit es sich aber je und je begeben könne, damit echte Begegnung geschehen und immer wieder geschehen, muß dem Menschen das Du zum Mitmenschen innewohnen*" (BUBER 1963, S. 609-610).

Das dialogische Prinzip wird von BUBER selbst als "*Ontologie des Zwischenmenschlichen*" (BUBER 1984, S. 290) bezeichnet, d.h. daß BUBER die 'Ich-Du Beziehung' als *"anthroplogischen Eigenbestand*" (ebd. S. 251) begreift, der die Kategorie des Menschen erst konstituiert. Vor diesem Hintergrund charakterisiert BUBER die Sphäre des Zwischenmenschlichen als die des "*des Einandergegenüber; ihre Entfaltung nennen wir das Dialogische*" (ebd. S. 276). Für BUBER ist die Kategorie des Zwischen das zentrale Moment, das den Bereich des Dialogischen umfaßt, und von daher eine "*Urkategorie der menschlichen Wirklichkeit*" (BUBER 1982, S. 165) darstellt. "*Die den Begriff des Zwischen begründende Anschauung ist zu gewinnen, indem man eine Beziehung zwischen menschlichen Personen nicht mehr, wie man gewohnt ist, entweder in den Innerlichkeiten der Einzelnen oder in einer sie umfassenden und bestimmten Allgemeinwelt lokalisiert, sondern faktisch zwischen ihnen. Das Zwischen ist nicht eine Hilfskonstruktion, sondern wirklicher Ort und Träger zwischen-*

menschlichen Geschehens" (ebd. S. 165). Die Kategorie des 'Zwischen' ist für BUBER "*wirklicher Ort und Träger zwischenmenschlichen Geschehens; es hat die spezifische Beachtung nicht gefunden, weil es zum Unterschied von Individualseele und Umwelt keine schlichte Kontinuität aufweist, sondern sich nach Maßgabe der menschlichen Begegnung jeweils neu konstituiert*" (ebd. S. 165). Der Begriff des Zwischen wird von BUBER bestimmt als eine "*Sonderkategorie, ... eine Sonderdimension unseres Daseins*" (BUBER 1984, S. 271). Der Bereich des Zwischenmenschlichen erstreckt sich "*weit über den der Sympathie hinaus*" (ebd. S. 274). Das entscheidende Moment des Zwischenmenschlichen ist "*das Nicht-Objekt-Sein*" (ebd. S. 274). Charakteristisch für die Sphäre des Zwischenmenschlichen sind "*aktuelle Ereignisse zwischen Menschen, sei es voll gegenseitige, sei es solche, die sich unmittelbar zu gegenseitigen zu steigern oder zu ergänzen geeignet sind; denn die Partizipation beider Partner ist prinzipiell unerläßlich*" (ebd. S. 275-276). Hierbei unterscheidet BUBER zwischen Sein und Scheinen: "*Was immer in anderen Bereichen der Sinn des Wortes »Wahrheit« sein mag, im Bereich des Zwischenmenschlichen bedeutet es, daß Menschen sich einander mitteilen als das was sie sind*" (ebd. S. 279-280). Es kommt darauf an, "*daß er zwischen sich und den anderen keinen Schein sich einschleichen lasse ... sondern, daß er dem Menschen, dem er sich mitteilt, an seinem Sein teilzuhaben gewähre. Auf die Authentizität des Zwischenmenschlichen kommt es an; wo es sie nicht gibt, kann auch das Menschliche nicht authentisch sein*" (ebd. S. 280).

In diesem Verständnis ist die Sphäre des Zwischenmenschlichen als wirklicher 'Ort und Träger des zwischenmenschlichen Geschehens' zu begreifen. "*Jenseits des Subjektiven, diesseits des Objektiven, auf dem schmalen Grat, darauf Ich und Du sich begegnen, ist das Reich des Zwischen*" (BUBER 1982, S. 167). Mithin ist der Begriff der Sphäre des Zwischenmenschlichen zu charakterisieren als eine Wesensrelation. Die Wesenrelation als das Zwischenmenschliche erfährt ihre Verwirklichung in dem Verhältnis zwischen den Menschen. "*Erst in zwei Menschen, von denen jeder, wenn er den anderen meint, zugleich das höchste meint, das eben diesem bestimmt ist, und der Erfüllung der Bestimmung dient, ohne dem anderen etwas von der eigenen Realisierung auferlegen zu wollen, stellt sich die dynamische Herrlichkeit des Menschenwesens leibhaftig dar*" (BUBER 1984, S. 291-292). Die wechselseitige Wesensbeziehung, d.h. die 'ontische Partizipation aneinander' kennzeichnet die Sphäre des Zwischenmenschlichen und repräsentiert den Möglichkeitsraum der Menschwerdung.

2.2 Das Verhältnis des Menschen zum Menschen

BUBERs philosophische Anthropologie beschreibt den Prozeß der Selbstbesinnung des Menschen, innerhalb dessen der Mensch den Menschen erkennen soll. Das mit der philosophischen Anthropologie einhergehende 'Prinzip der Individuation' ist für ihn der 'Kern und das Gerüst' seiner anthropologischen Erkenntnis (vgl. BUBER 1982, S. 19 f). Damit wird aber keineswegs zum Ausdruck gebracht, daß BUBER im einzelnen Individuum das Sein des Menschen im Sinne eines Individualismus erkennt. *"Der Einzelne ist Tatsache der Existenz, sofern er zu andern Einzelnen in lebendige Beziehung tritt"* (ebd. S. 164). Die anthropologische Existenz des Menschen ist nicht in der Isolierung des Menschen zu erkennen, sondern in der Beziehung zwischen dem einen und dem andern (vgl. BUBER 1984, S. 290 f). Die Bestimmung der 'Seinskategorie, die mit dem Namen des Menschen verbunden wird', nimmt bei BUBER ihren Anfang in dem einzelnen Individuum. Das aber bedeutet nicht, daß der Einzelne als Einzelner betrachtet wird, sondern über den 'Erweis des Einen im Vielem' leitet BUBER die Kategorie des Menschen, in ihrer Daseinswirklichkeit und in ihrer Wirklichkeit des Seins ab. Mithin findet der Mensch erst am Mitmenschen zu seiner eigenen Wirklichkeit.

Aus dem dialektischen Zusammenhang der doppelten Bewegung zwischen der Daseinswirklichkeit und der Wirklichkeit des Seins konstituiert sich also für BUBER das Menschsein. Der Prozeß der Urdistanz schafft das Fundament bzw. die Voraussetzung für den Möglichkeitsraum des Menschenseins, der durch den Akt des In-Beziehung-tretens zu seiner Verwirklichung gelangt. Eine Wesensaussage über den Menschen ist in diesem Verständnis stets mit dem Dialogischen verknüpft.

Die Dialektik von Daseinswirklichkeit und Wirklichkeit des Seins entspricht der Dialektik von Möglichkeit und Wirklichkeit des menschlichen Seins. Die Wirklichkeit des menschlichen Seins ist determiniert durch die Möglichkeiten der menschlichen Beziehung, d.h. durch das Verhältnis des Menschen zum Menschen. Damit ist BUBERs Bestimmung des menschlichen Seins gebunden an das Verhältnis des Menschen zum Menschen. Das Verhältnis des Menschen zum Menschen kennzeichnet BUBER durch die 'zwei Grundarten des Daseins mit dem Seienden'. *"Das Seiende ist dem Menschen entweder Gegenüber oder Gegenstand. In dieser Zwiefalt des Verhältnisses zum Seienden - Begegnung und Betrachtung - baut sich das Menschenwesen auf"* (BUBER 1962, S. 536). Die Begegnung und die Betrachtung sind nicht als zwei Erscheinungsformen zu verstehen, sondern sie entsprechen der 'Doppelstruktur des menschlichen Daseins', d.h. sie sind *"die zwei Grundarten unseres Daseins überhaupt -*

Ich-Du und Ich-Es" (ebd. S. 537). Die Begegnung im Sinne der Ich-Du-Beziehung ist in unserer Welt nur existent, wie BUBER betont, "*weil es den Menschen gibt, und zwar das Ich erst vom Verhältnis zum Du aus*" (BUBER 1982, S. 168). Nur in der wechselseitigen Beziehung des Menschen mit dem Menschen ist die "*Wesenheit des Menschen, die ihm eigentümliche, unmittelbar zu erkennen*" (ebd. S. 168).

Zwischen den anthropologischen Grundlegungen des dialogischen Prinzips und dem marxistischen Menschenbild besteht durchaus ein gedanklicher Kontext, wenngleich BUBER selbst diesen Zusammenhang nicht hergestellt hat. MARX formuliert in der 6. These über FEUERBACH, "*das menschliche Wesen ist kein dem einzelnen Individuum innewohnendes Abstraktum. In seiner Wirklichkeit ist es das Ensemble der gesellschaftlichen Verhältnisse*" (MARX: MEW 3, S. 534). Diese Aussage von MARX über den Menschen ist eine Bestimmung des Menschen, die sich aus den gesellschaftlichen Verhältnissen herleitet, d.h. der Mensch ist in diesem Verständnis das Produkt der gesellschaftlichen Verhältnisse. Das bedeutet, daß der Begriff Mensch sowohl gebunden ist an die Produktivkräften, wobei die Menschen in ihrem Menschsein die Hauptproduktivkräfte darstellen, als auch an die gesellschaftlichen Verhältnisse bzw. Lebensbedingungen, die wiederum determiniert sind durch die Verhältnisse zwischen den Menschen (vgl. hierzu SÉVE 1983).

Das gemeinsame Moment beider Ansätze besteht also in der Bestimmung des Menschen durch das Verhältnis des Menschen mit dem Menschen. Die dialogische Seinsbestimmung von BUBER basiert auf der Erkenntnis, daß die Frage, was der Mensch sei, nur beantwortet werden kann, "*durch* (die) *Betrachtung des Wesenzusammenhangs der menschlichen Person mit allem Sein und ihre Beziehung zu allem Sein*" (BUBER 1982, S. 124). Im marxistischen Verständnis des Menschen ist das menschliche Dasein zugleich gesellschaftliches Dasein. "*Das menschliche Wesen der Natur ist erst da für den gesellschaftlichen Menschen; denn erst hier ist sie für ihn da als Band mit dem Menschen, als Dasein für den andren und des andren für ihn, wie als Lebenselement der menschlichen Wirklichkeit, erst hier ist sie da als Grundlage seines eignen menschlichen Daseins. Erst hier ist ihm sein natürliches Dasein sein menschliches Dasein und die Natur für ihn zum Menschen geworden*" (MARX: MEW 40, S. 537-538). Menschsein meint damit ein 'gesellschaftliches Wesen' sein, d.h. das menschliche Leben "*ist daher eine Äußerung und Bestätigung des gesellschaftlichen Lebens. Das individuelle und das Gattungsleben des Menschen sind nicht verschieden, so sehr auch - und dies notwendig - die Daseinsweise des individuellen Lebens eine mehr besondre oder mehr allgemeine Weise des Gattungslebens ist, oder je mehr das Gattungsleben ein mehr besondres oder allgemeines individuelles Leben ist*" (ebd. S. 538-539). Diese Bestimmung des Menschen als gesellschaftliches Wesen entspricht BUBERs dialogischer Seinsbestimmung des Menschen. *"Betrachte den Menschen mit dem Menschen, und du siehst jeweils die dynamische Zweiheit, die das Menschenwesen ist ... Jetzt kannst du dich zum Einzelnen wenden und du erkennst ihn als den Menschen nach seiner Beziehungsmöglichkeit; du kannst dich zur Gesamtheit wenden und du erkennst sie als den Menschen nach seiner Beziehungsfülle*" (BUBER 1982, S. 169). Insofern kann der Mensch für BUBER nur so zum Dasein gelangen, *"indem sein Gesamtbezug zu seiner Situation Existenz wird, d.h. indem alle Arten seiner Lebensverhältnisse wesentlich werden*" (ebd. S. 124). In diesem Sinne ist auch MARXs Aussage, *"was mir aber mein Lebens vermittelt, das vermittelt mir auch das Dasein der andren Menschen für mich, das ist für mich der andre Mensch*" (MARX: MEW 40, S. 563) aufzufassen. Die Formulierung von MARX und ENGELS, *"... das Sein der Menschen ist ihr wirklicher Lebensprozeß*" (MARX: MEW 3, S. 26), beinhaltet demnach, daß das Menschsein determiniert ist durch die gesellschaftlichen Verhältnisse bzw. Lebensbedingungen, d.h. im BUBERschen Sinne, die menschliche Existenz ist der Mensch mit dem Menschen.

3 DAS DIALOGISCHE PRINZIP

Vor dem Hintergrund der bisherigen Darstellung der Aspekte der anthropologischen Grundlegungen der dialogischen Philosophie von BUBER, die sich wesentlich auf die Begriffe Urdistanz, Beziehung bzw. die Sphäre des Zwischenmenschlichen bezogen haben, soll nun eine Erläuterung der Ich-Du bzw. der Ich-Es Beziehung erfolgen. Bevor auf das eigentliche dialogische Prinzip eingegangen wird, erscheint es sinnvoll, zunächst einige wesentliche und konstituierende Begriffe sowie Grundgedanken der dialogischen Philosophie von BUBER diesem voranzustellen.

3.1 Das Dialogische

Die Entfaltung der Sphäre des Zwischenmenschlichen wird von BUBER als der Raum bestimmt im welchem sich der Dialog ereignet. Das Dialogische meint in diesem Sinne die 'Hinwendung' des Menschen zum Menschen. Diese wahrhafte Hinwendung des Menschen zum Menschen schließt, wie BUBER betont, die wechselseitige 'Akzeptation' der 'Bejahung' und 'Bestätigung' mit ein (BUBER

1984, S. 292 ff; vgl. auch: BUBER 1978, S. 36 ff). Der Dialog ist also das Ereignis der Sphäre des Zwischenmenschlichen, der sich als 'Zwiesprache' vollzieht. Das Dialogische beschränkt sich nicht auf den Verkehr der Menschen miteinander, sondern es ist "*ein Verhalten der Menschen zueinander, das sich in ihrem Verkehr nur eben darstellt*" (ebd. S. 149). Der echte Dialog ist dadurch gekennzeichnet, daß *"jeder der Teilnehmer den oder die anderen in ihrem Dasein und Sosein wirklich meint und sich ihnen in der Intention zuwendet, daß lebendige Gegenseitigkeit sich zwischen ihm und ihnen stifte*" (ebd. S. 166). Das dialogisches Leben ist in diesem Verständnis nicht eins, *"in dem man viel mit Menschen zu tun hat, sondern eins, in dem man mit den Menschen, mit denen man zu tun hat, wirklich zu tun hat*" (ebd. S. 167). Die lebendige Gegenseitigkeit, d.h. die Partizipation beider Partner ist prinzipiell unerläßlich für den Dialog. Im Dialogischen kommt es darauf an, *"daß jedem von zwei Menschen der andere als dieser bestimmte widerfährt, jeder von beiden des andern ebenso gewahr wird und eben daher sich zu ihm verhält, wobei er den andern nicht als sein Objekt betrachtet und behandelt, sondern als seinen Partner in einem Lebensvorgang*" (BUBER 1984, S. 274).

Das dialogische Verhältnis, so BUBER, *"wird sich ... in der Echtheit der Gespräche kundgeben, aber es baut sich nicht etwa aus ihnen auf. Vielmehr ist nicht bloß das Miteinanderschweigen solcher zwei Personen ein Dialog, sondern auch in ihrem räumlichen Getrenntsein lebt die Dialogik fort, als die stete potentielle Gegenwärtigkeit der einen für die andere, als ein äußerungsloser Verkehr. Hinwieder zieht alles Gespräch seine Echtheit nur aus dem Berührtsein von dem Element der Umfassung, sei es auch nur in dessen abstrakter Erscheinung, als »Anerkennung« des So-Seins des Gesprächspartners - welche real-wirksam nur dann sein kann, wenn sie einer Umfassungserfahrung, einer Erfahrung der Gegenseite entsprungen ist*" (BUBER 1986[a], S. 38-39).

Ein bestimmendes Moment des dialogischen Verhältnisses ist die Umfassung. Unter dem Begriff der Umfassung versteht BUBER die *"Erweiterung der eigenen Konkretheit, Erfüllung der gelebten Situation, vollkommne Präsenz der Wirklichkeit, an der man teilhat*" (ebd. S. 38). Die Elemente der Umfassung sind nach BUBER: *"erstens ein irgendwie geartetes Verhältnis zweier Personen zueinander, zweites ein von beiden gemeinsam erfahrener Vorgang, an dem jedenfalls eine der beiden tätig partizipiert, drittens das Faktum, daß diese eine Person den gemeinsamen Vorgang, ohne irgend etwas von der gefühlten Realität ihres eigenen Tätigseins einzubüßen, zugleich von der andern aus erlebt*" (ebd. S. 38). Diese drei Elemente der Umfassung bestimmen jegliches dialogische Verhältnis. Dabei unterscheidet BUBER den drei Hauptgestaltungen des dialogischen

Verhältnisses entsprechend drei Haupformen der Umfassungserfahrung: **1.** *"eine abstrakte, aber gegenseitige"* (ebd. S. 41), **2.** *"eine konkrete aber einseitige"* (ebd. S. 42) und **3.** *"eine konkrete und gegenseitige Umfassungserfahrung"* (ebd. S. 44).

Die erste Hauptform der Umfassungserfahrung, die abstrakt-gegenseitige, ist bestimmt durch einen reduktiven Charakter, d.h. daß in der dialogischen Begegnung die am Dialog teilhabenden Partner von der vollen Wirklichkeit ihres Gegenübers abstrahieren und jeweils auf den anderen nur als geistige Person Bezug genommen wird. *"In einem Nu"*, so BUBER, *"bin* (ich) *inne geworden, daß es so mit dem andern ist wie es mit mir ist; und daß diese beiden keine Erkenntniswahrheiten, sondern allein die Seinswahrheiten und das Wahrheitsein des Seienden überwaltet. Und so sind wir Anerkennende geworden"* (ebd. S. 41-42). Die beiden anderen Formen gehen von der Umfassung der vollen Wirklichkeit aus. Dabei ist die konkrete, aber einseitige Umfassungserfahung für jedes pädagogisch/therapeutische Verhältnis konstitutiv. *"Jedes Ich-Du-Verhältnis innerhalb einer Beziehung, die sich als ein zielhaftes Wirken des einen Tuns auf den anderen spezifiziert, besteht kraft einer Mutualität, der es auferlegt ist, keine volle zu werden"* (BUBER 1984, S. 132). Die einseitige Beschränkung der Wechselseitigkeit in dieser erzieherischen dialogischen Begegnung kennzeichnet das Spezifische dieser Form der Umfassungserfahrung. In diesem Zusammenhang erkennt BUBER, daß diese Einseitigkeit der Umfassungserfahrung bei aller Konkretheit in einem pädagogisch/therapeutischen Verhältnis *"einer eigentümlichen Paradoxie verhaftet* (ist). *Was sonst nur als Gnade, in die Falten des Lebens eingelegte, besteht: mit dem eignen Sein auf das Sein anderer einzuwirken, ist hier Amt und Gesetzt geworden"* (BUBER 1986[a], S. 42).

Die dritte Form der Umfassungserfahrung, die konkrete und gegenseitige, bezeichnet BUBER als *"Freundschaft" ... Sie ist das wahrhaft Einander-Umfassen der Menschenseelen"* (ebd. S. 44). Diese Form der Umfassungserfahrung umfaßt eine *"Vergegenwärtigung des anderen nicht in der bloßen Vorstellung, und auch nicht einmal im bloßen Gefühl, sondern in der Tiefe der Substanz, so daß man im Geheimnis des eigenen Seins das Geheimnis des anderen Seins erfährt; eine faktische, nicht bloß psychische, sondern ontische Partizipation aneinander"* (BUBER 1982, S. 106).

3.2 Die Begriffe Verantwortung und Vertrauen

Ein weiteres konstituierendes Moment des dialogischen Prinzips BUBERs ist der Begriff der Verantwortung. Grundlegend für BUBER ist die Tatsache, daß jeder Mensch in einem objektiven Verhältnis zu anderen steht. Die Gesamtheit dieser Verhältnisse konstituiert das Leben des Menschen "*als ein am Sein der Welt faktisch teilnehmendes, ja sie ist es, die ihm überhaupt erst ermöglicht, seine Umwelt zur Welt zu erweitern; sie ist sein Anteil an der menschlichen Seinsordnung, der Anteil, für den er die Verantwortung trägt*" (BUBER 1958, S. 31). Die dialogische Beziehung ist gekennzeichnet durch Gegenseitigkeit, d.h. Gegenseitigkeit stellt für BUBER eine ontologische Basis des menschlichen Lebens im Sinne einer 'ontischen Partizipation' dar. Die Verantwortung bedingt im dialogischen Verhältnis, als Anteil des Menschen an der menschlichen Seinsordnung, Rede und Antwort zu stehen. Die dialogische Verantwortung setzt sich demnach aus zwei Aspekten zusammen: "*Erlebend sind wir Angeredete; denkend, sagend, handelnd, hervorbringend, einwirkend vermögen wir Antwortende zu werden*" (BUBER 1986[a], S. 29). Verantwortung umfaßt also einerseits die Erwiderung auf eine Anrede und andererseits wird von einem Menschen eine Antwort erwartet, d.h. die dialogische Verantwortung bezieht sich auf die Sphäre des Zwischen, in dem der Mensch sich einem unabhängigen Menschen gegenüber verantwortet. "*Verantwortung setzt einen primär, d.h. aus einem nicht von mir abhängigen Bereich mich Ansprechenden voraus, dem ich Rede zu stehen habe*" (BUBER 1984, S. 206). Entsprechend ist für BUBER der Begriff Verantwortung "*aus dem Gebiet der Sonderethik, eines frei in der Luft schwebenden »Sollens«, in das des gelebten Lebens zurückzuholen. Echte Verantwortung gibt es nur, wo es wirkliche Antworten gibt*" (ebd. S. 161).

Verständlicher wird diese Bestimmung der Verantwortung vor dem Hintergrund der Voraussetzungen von BUBERs Anthropologie. "*Der Mensch ist nicht in seiner Isolierung, sondern in der Vollständigkeit der Beziehung zwischen dem einen und dem andern anthropologisch existent: erst die Wechselwirkung ermöglicht, das Menschtum zugänglich zu erfassen*" (ebd. S. 290). BUBER folgert daraus, "*daß jedem Menschen die Bestimmung innewohnt, daß rechte Menschsein auf seine besondere, ihm allein eigentümliche Art zu erlangen*" (ebd. S. 291). Dabei betont BUBER, daß nicht das Selbst als das Letztwesentliche zu begreifen ist, sondern "*daß der Schöpfungssinn des menschlichen Daseins sich je und je als Selbst erfülle. Die erschließende Funktion zwischen den Menschen, die Hilfe zum Werden des Menschen als Selbst, das Einander-Beistehn zur Selbstverwirklichung des schöpfungsgerechten Menschentums ist es, das das Zwischenmenschliche zu seiner Höhe treibt*" (ebd. S. 291). Die anthropologische Grundlegungen von BUBER, daß der Mensch vollständig anthropologisch existent ist in der Beziehung zum anderen Menschen bedeutet für den Begriff der Verantwortung, daß dieser als ontologische Grundlage des menschlichen Lebens zu verstehen ist. Die dialogische Verantwortung, als ein Element des Dialogischen, meint eine Kontinuität der Verantwortung für das, auf das geantwortet wurde und zugleich weit über die Situation des Dialogischen hinauswirkt. BUBER formuliert diesen Zusammenhang wie folgt: "*Wir werden nun mit ihr* (der dialogischen Verantwortung, W. L.) *nicht fertig, darauf haben wir verzichten müssen, nie ist mit einer Situation, deren man inne ward, fertig zu werden, aber wir bewältigen sie in der Substanz des gelebten Lebens ein. Dem Augenblick antworten wir, aber wir antworten zugleich für ihn, wir verantworten ihn. Ein neues Weltkonkretum ist uns in die Arme gelegt worden; wir verantworten es ... ein Kind hat deine Hand ergriffen, du veranwortest seine Berührung, eine Menschenschar regt sich um dich, du veranwortest ihre Not*" (BUBER 1984, S. 163). Die Basis der Verantwortung ist im Dialog, d.h. im Verhältnis des Menschen mit dem Menschen grundgelegt. Das Wesentliches des Dialogs ist "*die Gegenseitigkeit der inneren Handlungen. Zwei Menschen, die dialogisch verbunden sind, müssen doch offenbar einander zugekehrt sein, sich also - gleichviel, mit welchem Maß von Aktivität oder gar von Aktivitätsbewußtsein - einander zugekehrt haben*" (ebd. S. 149-150). Mithin verliert der Begriff der Verantwortung im BUBERschen Sinne seine eng mit dem Moralischen verbundene Bedeutung, und zwar insofern, als daß vom Menschen keine Rechtfertigung seiner Handlungen und Haltungen erwartet wird, sondern daß die Verantwortung zum Wesen der Gegenseitigkeit der Beziehung des Menschen zum Menschen als zugehörig verstanden wird, nämlich im Sinne der Erfahrung von Anrede und Redestehen, von Wort und Antwort. Insofern ist es für das Verhältnis des Menschen mit dem Menschen von fundamentaler Bedeutung, "*daß ich das Antworten auf mich nehme. Immer ... ist mir ein Wort geschehen, das eine Antwort heischt*" (ebd. S. 152). Das Wesentliche des Verhältnisses des Menschen mit dem Menschen ist das wechselseitige zugekehrt sein, in dem die wechselseitige Erwiderung als Verantwortung für den anderen in der Beziehung des Menschen zum Menschen grundgelegt ist. Das bedeutet, "*wenn .... das Wort zu uns kommt und die Antwort aus uns kehrt, gibt es, wie auch noch gebrochen, das menschliche Leben auf der Welt. Die Entzündung der Antwort in jenem »Fünklein« der Seele, das jeweilige Entbrennen der Antwort auf die unversehens andringende Rede nennen wir die Verantwortung*" (BUBER 1986[a], S. 29). In diesem Sinne hat der Begriff der Verantwortung seinen Geltungsbereich für alle dialogischen Verhältnisse, die ein Mensch einzugehen vermag. Die dialogische Verantwortung ist für BUBER eine Grundlegung des menschlichen Lebens, die als ein Fundament der ontischen Partizpation im Bereich des Zwischen zu bestimmen ist, und sich insofern für ihn aus dem Wesen des Menschen herleitet.

Ebenso wie der Begriff der dialogischen Verantwortung sieht BUBER die Basis der Kategorie des Vertrauens in dem Verhältnis des Menschen mit dem Menschen. Das Vertrauen ist als ein Ausdruck der Verantwortung, d.h. des Angeredetwerdens und des Antwortens zu verstehen. Vertrauen bedeutet in diesem Verständnis, *"daß es eine menschliche Wahrheit, die Wahrheit menschlicher Existenz gibt"* (ebd. S. 70). Unter der menschlichen Wahrheit versteht B-UBER keine *"Übereinstimmung eines Gedachten mit einem Seienden, sie ist Partizipation am Sein. Sie kann keine allgemeine Gültigkeit beanspruchen; aber sie wird gelebt, und sie kann beispielhaft, symbolhaft, vorbildlich gelebt werden"* (BUBER 1953, S. 219). Die Wahrheit der menschlichen Existenz als Grundlegung des Vertrauens erklärt sich aus der Gegenseitigkeit des dialogischen Prinzips. Vertrauen wird vor diesem Hintergrund mit dem *"Einstand in der Gegenseitigkeit"* (BUBER 1986[a], S. 19) erworben, d.h. *"indem man an dem Leben der Menschen, mit denen man umgeht, ... unmittelbar und unbefangen teilnimmt und die Verantwortung, die sich daraus ergibt, auf sich nimmt"* (ebd. S. 71). Vor dem Hintergrund der Bestimmung des menschlichen Seins ist der Begriff des Vertrauens bei BUBER als Ausdruck der Gegenseitigkeit zu interpretieren. *"Wenn ich zu einem Menschen 'Vertrauen habe', so meine ich damit ... daß dieser Mensch - was immer er tut - für mich derjenige bleiben wird, in den ich mein Vertrauen gesetzt habe, den ich 'angenommen' habe. Das ist freilich ein Paradox, aber alles große Vertrauen ist es, Vertrauen meint weder das gegenwärtige nicht das zukünftige Du ... sondern eben die Person"* (BUBER 1963, S. 621). Mithin basiert der Begriff des Vertrauens auf der Anerkennung, Bestätigung und Bejahung des anderen Menschen, die im Prozeß des dialogischen Innewerdens erschlossen wird. Für den Bereich der pädagogisch, als auch therapeutischen Praxis ist dieser Zusammenhang für BUBER von grundlegender Bedeutung, denn als das "*innerlichste Werk des erzieherichen Verhältnisses*" bestimmt BUBER: *"Vertrauen, Vertrauen zur Welt, weil es diesen Menschen gibt"* (BUBER 1986[a], S. 40).

3.3 Das Ethische

Indem die Gegenseitigkeit von BUBER als grundlegendes Moment der menschlichen Existenz bestimmt wird, sind vor diesem Hintergrund die ethischen Haltungen und Handlungen des Menschen als eine faktische Grundlage des menschlichen Lebens zu begreifen. Dabei ist der Dialog, im Sinne der wechselseitigen Verbundenheit, das konstituierende des menschlichen Lebens, innerhalb dessen sich der Prozeß vom Sein zum Werden vollzieht. Das bedeutet, daß die o.a. Begriffe der Verantwortung und des Vertrauens bereits die Grundlegungen von

BUBERs Ethik andeuten. Die Gegenseitigkeit als ontologische Grundlage des menschlichen Lebens drückt also aus, daß BUBERs Ethik sich in dem Vertrauen, d.h. Vertrauen zur Welt, weil es diesen Menschen gibt, widerspiegelt. Demzufolge konstituiert sich das Vertrauen aus der Verantwortung gegenüber den Menschen im Sinne des Angeredetwerdens und der Anrede. Mithin ist davon auszugehen, daß BUBERs Ethik durch anthropologische bzw. ontologische Grundlegungen gekennzeichnet ist (vgl. ROTENSTREICH 1963, S. 89 ff).

Unter dem Etischen in diesem strengen Sinne versteht BUBER "*das Ja und Nein des Menschen zu den ihm möglichen Haltungen und Handlungen, die radikale Unterscheidung zwischen ihnen, die sie dieser Radikalität gemäß nicht nach ihrem Nutzen und Schaden für Individuen und Gesellschaften, sondern nach dem ihnen selber innewohnenden Wert und Unwert bejaht und verneint*" (BUBER 1962, S. 575). Das Ethische wird, so BUBER, in seiner Reinheit nur da erfaßt, "*wo die menschliche Person sich mit ihren eigentlichen Möglichkeiten konfrontiert und innerhalb ihrer scheidet und entscheidet, ohne nach anderem zu fragen, als was jetzt und hier, in dieser ihrer eigenen Situation das Rechte und was das Unrechte ist*" (ebd. S. 575). Das Kriterium, nach dem jeweils diese Scheidung und Entscheidung vollzogen wird, kann nach BUBER ein überkommendes oder eines von der menschlichen Person selbst wahrgenommenes sein. Das Wesentliche für BUBER ist in diesem Zusammenhang, "*das Wissen des Einzelnen um das, was er »eigentlich« ist, wie er zu sein bestimmt ist, als was er in seinem einmaligen und einzigen Erschaffensein gemeint ist; aus welchem Wissen je und je, wenn es ganz aktuell wird, die Vergleichung mit dem, was er da faktisch ist, entspringen kann und das nun eben Bestehende sodann an dem Bilde gemessen wird, das aber kein sogenanntes Idealbild, nichts vom Menschen Erträumtes ist, sondern ein aus dem Seinsgeheimnis selber, das Person heißt, Erscheinendes*" (ebd. S. 575).

Ersichtlich basiert diese Definition der Ethik einerseits auf BUBERs Bestimmung des Dialogischen, d.h. auf die Umfassungserfahrung im Sinne der Erfahrung der Gegenseite mit ihrer Betonung auf der Ganzheit, Gegenwärtigkeit und Einzigkeit des Menschen. Andererseits basiert diese Bestimmung der Ethik auf BUBERs philosophischer Anthropolgie, die den Prozeß vom Sein zum Werden des Menschen, in dem das Doppelprinzip des Menschseins die Potentialität des Menschen widerspiegelt und gleichsam auf die Richtung verweist, die eingeschlagen werden soll, damit der Mensch das wird, was nur er werden kann.

Das in der Definition der Ethik von BUBER angeführte Kriterium, nach dem die Entscheidung der ethischen Handlung vollzogen wird, bezeichnet er als Gewissen. Das Gewissen ist "*jene innerseelische Instanz, die sich mit der*

Kriterium f. Entscheidung d. ethischen Handlung = Gewissen

Scheidung zwischen dem Rechten und dem Unrechten innerhalb des Getanen und des zu Tuenden befaßt und gegen das als Unrechtes Determinierte vorgeht" (ebd. S. 569). Das Gewissen meint also "*die Fähigkeit und Tendenz des Menschen, innerhalb seines vergangenen und künftigen Verhaltens radikal zu unterscheiden zwischen zu Billigendem und zu Mißbilligendem*" (BUBER 1958, S. 36). Die ethischen Entscheidungen vollziehen sich für BUBER also auf der Grundlage des Gewissens. Die Richtung der Entscheidung basiert auf dem Wissen des Einzelnen um das, 'was er eigentlich ist' und als 'was er in seinem einmaligen und einzigen Erschaffensein gemeint ist'. Der Begriff Richtung wird von BUBER in diesem Zusammenhang mit dem aristotelischen Bild der Entelechie, der eingeborenen Selbstverwirklichung gefaßt, wobei BUBER betont, "*daß das eine Entelechie des Schöpfungswerkes ist*" (BUBER 1984, S. 291 f). Der aristotelische Entelechiebegriff hat für BUBER nicht nur eine Bedeutung für die Individuation, sondern er deutet ihn als "*Schöpfungssinn des menschlichen Daseins*" (ebd. S. 291). Die mit der ethischen Entscheidung einhergehende Richtung erkennt der Mensch demzufolge, indem er seine eigene Bestimmung erkennt, die ihn überhaupt erst dazu in die Lage versetzt, eine ethische Entscheidung zu fällen.

Die Richtung als 'Schöpfungssinn des menschlichen Daseins' ist gleichsam eine "*Richtung auf die Person*" (BUBER 1986[c], S. 73). Die 'Richtung auf die Person' erklärt BUBER mit "*der jedem Menschen eingepflanzte ... Ahnung des Wesens, das mit ihm, und mit ihm allein - gleichviel, schöpfungsmäßig oder >individuationsmäßig< - gemeint, intendiert, vorgebildet und das zu vollenden, das zu werden ihm zugemutet und zugetraut ist*" (ebd. S. 65). Die 'Ahnung des Wesens' erlebt und erkennt der Mensch nur in der Begegnung mit dem Menschen innerhalb derer er durch die Bestätigung, die sich auf das richtet, was der Mensch seinem Wesen nach wirklich ist, die Möglichkeit seines Daseins erfährt. "*Weil der Mensch das einzige uns bekannte Lebewesen ist, in dem sich gewissermaßen die Kategorie der Möglichkeit verkörpert hat und dessen Wirklichkeit unablässig von den Möglichkeiten umwittert wird, bedarf er als das einzige unter allen der Bestätigung*" (ebd. S. 68).

Über die "*elementare Potenz der gegenseitigen Bestätigung der Menschen*" (BUBER 1953, S. 320) erschließt sich der Mensch als 'Erfahrung der Gegenseite' das Ethische. Das 'Gute' und das 'Böse' sind in diesem Verständnis als Richtung auf bzw. gegen die Person zu erfassen. In seiner anthropologischen Bestimmung von Gut und Böse (vgl. BUBER 1986[c]; sowie BUBER 1962) zeigt BUBER, daß "*der Wesenstand des Guten den des Bösen in einer gewissen Weise voraussetzt*" (BUBER 1986[c], S. 56). Der Grundgedanke dieser anthropologischen Herleitung beinhaltet, daß Gut und Böse in ihrer 'anthropologischen Wirklichkeit', d.h. im faktischen Lebenszusammenhang der menschlichen

Person, nicht "*zwei strukturell gleichartige, nur eben polar entgegengesetzte, sondern zwei strukturell durchaus verschiedene Beschaffenheiten sind*" (ebd. S. 8). Entsprechend definiert BUBER das Böse als die "*Richtungslosigkeit und was in ihr und aus ihr, als Ergreifen, Packen, Schlingen, Verführen, Nötigen, Ausnützen, Niederbeugen, Peinigen, Vernichten dessen, was sich bietet, getan wird*" (ebd. S. 64). Hingegen ist das Gute "*die Richtung und was in ihr getan wird; was in ihr getan wird, wird mit der ganzen Seele getan, so daß all die Kraft und Leidenschaft, mit der das Böse hätte getan werden können, in die Tat mit eingeht*" (ebd. S. 64). Das bedeutet, daß die vor dem Gewissen gefällte ethische Entscheidung für das Gute zugleich eine Entscheidung für die Richtung auf die Person beinhaltet, in der gleichsam das Böse in sich aufgehoben wird. Hieraus ergibt sich insofern die Sinnhaftigkeit des menschlichen Seins, als daß das Gute, wie BUBER betont, da erkannt wird, "*wo es sich dem einzelnen erschließt, der sich mit seinem ganzen Wesen entscheidet, der zu werden, als der er gemeint ist*" (BUBER 1962, S. 581). Mithin ist es das "*»Gute und Seinsollende« ... das alles Sein aneinander bindet und zusammenhält*" (ebd. S. 581).

Die hier aufgezeigten Zusammenhänge verdeutlichen, daß die ethischen Haltungen und Handlungen des Menschen für BUBER stets im Kontext seiner dialogischen Philosophie bzw. seiner philosophischen Anthropolgie zu begreifen sind. Folglich gelten diese ethischen Grundpositionen von BUBER für alle Bereiche des menschlichen Seins. So bestimmt BUBER den Begriff Macht vor diesem Hintergrund zunächst als das "*Vermögen, das zu realisieren, was man realisieren will*" (BUBER 1982, S. 68). Macht an sich, so BUBER, kann an ein Ziel, an ein Werk, an die Berufung gebunden sein. Insofern ist die Macht "*weder gut noch böse, sie ist nur ein geeignetes oder ungeeignetes Werkzeug*" (ebd. S. 71-72). Falls aber die Macht ihre Bindung an das Ziel verliert bzw. sich vom Ziel entfernt, d.h. "*sobald dieser Mensch nicht mehr die Macht als Vermögen etwas zu tun, sondern die Macht als Besitz, also die Macht an sich meint, dann ist seine Macht, die abgelöste, sich selbst befriedigende Macht böse; es ist die Macht, die sich der Verantwortung entzieht, die Macht, die den Geist verrät, die Macht an sich*" (ebd. S. 72). Mit anderen Worten, "*Macht um der Macht willen erstreben heißt das Nichts erstreben*" (BUBER 1953, S. 306). Das Streben nach Macht um der Macht willen unterscheidet sich von dem Willen zur Macht, "*weil man Macht braucht, um die Wahrheit, an die man glaubt, zu verwirklichen*" (ebd. S. 308). Die menschliche Wahrheit beinhaltet für BUBER die 'Partizipation am Sein' und dessen Verwirklichung rechtfertigt für BUBER das Mittel der Macht, das für ihn "*eine bauende Kraft*" (ebd. S. 308) darstellt. Aber der Wille zur Macht als Macht führt aus der Selbstüberhebung der Einzelnen zur Selbstzerstörung der Völker. Hieraus schlußfolgert BUBER:

"*Macht ohne echte Verantwortung ist eine grell verkleidete Ohnmacht*" (ebd. S. 308).

Das Einlösen der ethischen Prinzipien, d.h. das Bemühen des Menschen für sich den Weg des Guten zu bahnen bedeutet für BUBER nicht ein *"Entweder-oder, sondern: So sehr man kann"* (BUBER 1953, S. 343). Damit bringt BUBER zum Ausdruck, daß in jeder Situation, die eine Entscheidung verlangt, *"die Demarkationslinie zwischen Dienst und Dienst neu zu ziehen* (ist), *nicht notwendig mit Furcht, aber notwendig mit jenem Zittern der Seele, das jeder echten Entscheidung vorausgeht*" (ebd. S. 344). Diese 'Ethik der Demarkationslinie' erläutert BUBER am dem Zusammenhang von Mittel und Ziel, d.h. wenn zum Erreichen des Zieles Mittel vorgeschlagen werden, deren Wesen dem Wesen des Ziels widersprechen. BUBER betont dabei, in dieser Problemsituation nicht prinzipiell vorzugehen, *"sondern nur, je und je in der Verantwortung die Demarkationslinie zu ziehen und für sie einzustehen; nicht etwa um seine Seele blütensauber zu halten - das wäre ein eitles und sorgenloses Beginnen - , sondern um zu verhüten, daß Mittel gewählt werden, die geeignet sind, von dem Weg zum Ziel auf einen Weg zu einem andern, diesen Mitteln wesensgleichen Ziel abzulenken; denn niemals heiligt der Zweck die Mittel, wohl aber können die Mittel den Zweck zuschanden machen*" (ebd. S. 344-345). Die 'Demarkationslinie zu ziehen' meint also, die Grenzen der ethischen Prinzipien in spezifischen Situationen jeweils in Abhängigkeit von der Gesamtsituation immer wieder neu zu bestimmen, im Sinne der Zielgemäßheit der zu verwendenden Mittel. Zugleich beinhaltet das Ethische, d.h. die Scheidung und Entscheidung des Menschen im Sinn einer Klärung was jetzt und hier das Rechte und was das Unrechte ist, ein elementares und scheinbar den ethischen Prinzipien widersprechendes Moment: *"Wir können nicht umhin, Unrecht zu tun; aber es ist uns gewährt, nicht mehr Unrecht tun zu müssen, als wir eben müssen, und das ist gleichbedeutend damit, daß es uns gewährt ist, Menschen zu sein*" (BUBER 1983, S. 226). Mithin umfaßt für BUBER das Sein der Menschen eine Wirklichkeit, die sich im Widerspruch zu den ethischen Prinzipien darstellen kann, eine Widersprüchlichkeit also zwischen Anspruch und Wirklichkeit. Für diese Situationen, die in sich den Widerspruch tragen, gilt es, "*so viel von unserer Wahrheit zu verwirklichen, als es der unbefangen vordringende Einblick in all die Widersprüche der Situation zuläßt*" (BUBER 1963, S. 618-619). Für die Verwirklichung der 'dialogischen' Verantwortung des Menschen in seinem Leben gibt es nicht, wie BUBER betont, *"paragrahierte Prinzipien, die wir nachschlagen können. Aber wir haben die Situation und den Augenblick zu verstehen*" (BUBER 1965, S. 196). Wenn die 'dialogischen' Entscheidungen als ethische Prinzipien sich im Widerspruch zur 'unreinen' Wirklichkeit darstellen, so ist das nicht, wie BUBER hervorhebt, "*ein 'Beschmutzwerden', das uns eben passiert: unsre zu kneten willigen Hände fassen tief in den Lehm*" (BUBER 1963, S. 619). Das 'tiefe Kneten im Lehm' ist in diesem Verständnis als das Einlösen der ethischen Prinzipien zu begreifen, das BUBER mit 'Ziehen der Demarkationslinie' umschreibt, und das gleichsam das 'Unrechte tun' unter der Prämisse nicht mehr Unrecht zu tun, als wir eben müssen, um zu leben, mit einschließt.

3.4 Ich-Du und Ich-Es

Vor dem Hintergrund der bisherigen Darstellung der Aspekte der Grundlegungen von BUBERs dialogischer Philosophie, ist von einer 'zwiefältigen Haltung' auszugehen, die der Mensch sowohl zu Dingen als auch zu den Mitmenschen einnehmen kann. Die zwiefältige Haltung wird ermöglicht durch die Fähigkeit des Menschen zu 'distanzieren' und 'In-Beziehung-zu-treten'. In dem Prozeß der Distanzierung werden die Dinge und Menschen zu einem Es, im Prozeß der Beziehung zum Du. Entsprechend ist das Verhältnis Ich-Welt als ein Doppelverhältnis zu charakterisieren, das Beziehung und Erfahrung beinhaltet und aus dem BUBER die zwei Grundworte, 'Ich-Es' und 'Ich-Du' ableitet: "*Die Welt ist dem Menschen zwiefältig nach seiner zwiefältigen Haltung. Die Haltung des Menschen ist zwiefältig nach der Zwiefalt der Grundworte, die er sprechen kann. Die Grundworte sind nicht Einzelworte, sondern Wortpaare. Das eine Grundwort ist das Wortpaar Ich-Du. Das andere Grundwort ist das Wortpaar Ich-Es; wobei, ohne Änderung des Grundwortes, für Es auch eins der Worte Er und Sie eintreten kann. Somit ist auch das Ich des Menschen zwiefältig. Denn das Ich des Grundwortes Ich-Du ist ein anders als das des Grundwortes Ich-Es*" (BUBER 1984, S. 7-8).

Für BUBER hat das Wort 'Ich' eine fundamentale Bedeutung, denn "*nach seinem Ichsagen - danach, was er meint, wenn er Ich sagt - entscheidet sich, wohin ein Mensch gehört und wohin seine Fahrt geht*" (ebd. S. 68). In dem Ichsagen des Menschen entscheidet sich demnach das Verhältnis des Menschen zu seiner Wirklichkeit und ist damit zugleich das Kriterium seines Wirklichkeitsverhältnisses. In diesem Sinne gibt es, so BUBER, "*kein Ich an sich, sondern nur das Ich des Grundworts Ich-Du und das Ich des Grundworts Ich-Es*" (ebd. S. 8). Jeder Mensch lebt nach BUBER 'im zwiefältigen Ich', wobei sich die Grundworte Ich-Du und Ich-Es voneinander unterscheiden. "*Das Ich des Grundwortes Ich-Es erscheint als Eigenwesen und wird sich bewußt als Subjekt (des Erfahrens und Gebrauchens). Das Ich des Grundwortes Ich-Du erscheint als Person und wird sich bewußt als Subjektivität (ohne abhängigen*

Genetiv). Eigenwesen erscheint, indem es sich gegen anders Eigenwesen absetzt. Person erscheint, indem sie zu andern Personen in Beziehung tritt" (ebd. S. 65). Das Grundwort Ich-Du ist in diesem Verständnis gekoppelt an den Begriff 'Begegnung', das Grundwort Ich-Es ist verknüpft mit dem Begriff 'Betrachtung'. Diese zweifache Möglichkeit des Mitseins bedingt die "*die zwei Grundarten des Daseins mit dem Seienden*" (BUBER 1962, S. 536).

Ich-Du und Ich-Es unterscheiden sich im Sinne von BUBER durch die Verhältnisqualität des gegebenen Gegenübers. Ich-Du umfaßt also das Verhältnis des Menschen zum Menschen, die Beziehung bzw. die Begegnung zum anderen, sie basiert auf dem 'Fundament des Mensch-mit-Mensch-seins'. Ich-Es hingegen beschreibt ein Verhältnis des Menschen zu 'Objekten', d.h. sie umfaßt nicht die personale Begegnung, sondern die Welt als Erfahrung. Mit dem Grundwort Ich-Es drückt BUBER aus, daß der Mensch ein 'Etwas' zum Gegenstand hat, "*Ich nehme etwas wahr. Ich empfinde etwas. Ich stelle etwas vor. Ich will etwas. Ich fühle etwas. Ich denke etwas ... All dies und seinesgleichen gründet das Reich des Es*" (BUBER 1984, S. 8). In dem Ich-Es Verhältnis hat der Erfahrende "*keinen Anteil an der Welt. Die Erfahrung ist ja »in ihm« und nicht zwischen ihm und der Welt*" (ebd. S. 9), d.h. Ich-Es ist das "*Grundwort der Trennung*" (ebd. S. 45). Damit wird deutlich, daß BUBER der Ich-Du und Ich-Es Wortpaare zwei Welten zuordnet: "*Die Eswelt hat Zusammenhang im Raum und in der Zeit. Die Duwelt hat in Raum und Zeit keinen Zusammenhang*" (ebd. S. 37). Im Zusammenhang der Eswelt mit Raum und Zeit werden die Dinge, so BUBER, "*ins Raumnetz und die Vorgänge ins Zeitnetz eingetragen*" (ebd. S. 35). Die Duwelt, d.h. die Ich-Du Beziehung hingegen ist über das Koordinatensystem von Zeit, Raum und Kausalität erhaben. Das bedeutet, daß das Du nicht als ein Objekt verstanden werden kann, weil es nur in dem Ereignis der Begegnung in Erscheinung tritt und von daher nicht in Raum und Zeit erfaßt werden kann. Die nicht räumliche Erfaßbarkeit des Du begründet sich aus seiner 'Ausschließlichkeit'. Denn das Ereignis der Begegnung ist erfüllt von der "*Macht der Auschließlichkeit*" (ebd. S. 11), da der andere in der Begegnung dem Ich ein ausschließliches Gegenüber ist. Zwar erscheint das Du in einem Raum, "*darin alles andre nur der Hintergrund, aus dem es hervortaucht, nicht seine Grenze und sein Maß sein kann*" (ebd. S. 34). "*Nicht als ob nichts andres wäre als er: aber alles andre lebt in <u>seinem</u> Licht*" (ebd. S. 12). Gleichermaßen ist das Du nicht in der kontinuierlichen Zeit faßbar, denn die Begegnung des Ich mit dem Du ist charakterisiert durch die 'Augenblicklichkeit', d.h. durch die "*Augenblickhaftigkeit des Augenblicks*" (BUBER 1962, S. 535). Das, was sich zwischen Ich und Du begibt "*erscheint in der Zeit, aber in der des in sich erfüllten Vorgangs, der nicht als Teilstück einer steten und festgegliederten Folge, sondern in einer*

»Weile« gelebt wird, deren rein intensive Dimension nur von ihm selbst aus bestimmbar ist" (BUBER 1984, S. 34). In diesem Zusammenhang benutzt BUBER die Formulierung der 'Diskontinuität der Du-Welt' die in einem Gegensatz zur 'Kontinuität der Es-Welt' zu begreifen ist (vgl. BUBER 1963, S. 637 f). BUBER schlußfolgert daraus, daß "*ich den Menschen, zu dem ich Du sage, nicht in einem Irgendwann und Irgendwo*" (BUBER 1984, S. 13) vorfinde. Das Du entspricht in diesem Sinne nicht der geordneten Welt des Es, das Du ist aber auf das engste verbunden mit der Weltordnung. In der 'Diskontinuität der Duwelt' ist das Du im Vergleich zum Es in der Unbeständigkeit des Anredens präsent. Die Begegnung, und das ihr innewohnende Ereignis der Beziehung ist nur vom Menschen selbst her bestimmbar und ist gekennzeichnet durch die Ausschließlichkeit, denn "*solange die Gegenwart der Beziehung währt, ist diese ihre Weltweite unantastbar*" (ebd. S. 79). BUBER kennzeichnet damit die Ich-Du-Beziehung als eine 'Ureinheit der Weltordnung', d.h. daß durch die Beziehung sich die existentielle als auch die Einheit zur Welt verwirklicht: "... *der Mensch begegnet dem Sein und Werden als seinem Gegenüber, immer nur* **einer** *Wesenheit und jedem Ding nur als Wesenheit; was da ist, erschließt sich ihm Geschehen, und was da geschieht, widerfährt ihm als Sein; nichts andres ist gegenwärtig als dies eine, aber dies eine welthaft ... Die Begegnungen ordnen sich nicht zur Welt, aber jede ist dir ein Zeichen der Weltordnung. Sie sind untereinander nicht verbunden, aber jede verbürgt dir deine Verbundenheit mit der Welt*" (ebd. S. 36).

Das bedeutet, "*die Welt als Erfahrung gehört dem Grundwort Ich-Es zu. Das Grundwort Ich-Du stiftet die Welt der Beziehung*" (ebd. S. 10). Mithin hat für BUBER das Ich des Grundwortes Ich-Es "*nur Vergangenheit, keine Gegenwart. Mit anderm Wort: insofern der Mensch sich an den Dingen genügen läßt, die er erfährt und gebraucht, lebt er in der Vergangenheit, und sein Augenblick ist ohne Präsenz. Er hat nichts als Gegenstände; Gegenstände aber bestehen im Gewesensein*" (ebd. S. 16). Gegenwart bedeutet für BUBER "*nicht das Flüchtige und Vorübergleitende, sondern das Gegenwartende und Gegenwährende*" (ebd. S. 17). Damit ergibt sich die Unterscheidung zwischen Du und Es als eine zwischen Gegenwart und Gegenstand, denn der Gegenstand "*ist nicht die Dauer, sondern der Stillstand, das Innehalten, das Abbrechen, das Sichversteifen, die Abgehobenheit, die Beziehungslosigkeit, die Präsenzlosigkeit*" (ebd. S. 17). BUBER schlußfolgert daraus: "*Wesenheiten werden in der Gegenwart gelebt, Gegenständlichkeiten in der Vergangenheit*" (ebd. S. 17). Entsprechend kann das Grundwort Ich-Du "*nur mit dem ganzen Wesen gesprochen werden*" (ebd. S. 7). Die Gegenwart gibt es für BUBER nur insofern, "*als es Gegenwärtigkeit, Begegnung, Beziehung gibt. Nur dadurch, daß das Du gegenwärtig wird, entsteht Gegenwart*" (ebd. S. 16). Gegenwärtigkeit ist für BUBER in diesem Sinne bestimmt durch Gegenseitigkeit, denn *"Beziehung ist Gegenseitigkeit. Mein Du wirkt an mir, wie ich an ihm wirke*" (ebd. S. 19). Hervorzuheben ist in diesem Zusammenhang nochmals das Moment der Gegenseitigkeit, daß für BUBER den Kern des Dialogischen darstellt. Die Gegenseitigkeit im Sinne einer konstitutiven Wechselwirkung erfährt ihre höchste Vollendung in der Umfassung, d.h. in der Umfassung im Rahmen der Ich-Du-Beziehung erfolgt der *"Durchbruch vom Bild zum Sein*" (BUBER 1953, S. 223), von der Betrachtung zur Begegnung. Das bedeutet, daß *"das Du, dem ich so begegne ..., keine Summe von Vorstellungen mehr* (ist), *sondern eine in Geben und Nehmen erfahrene Substanz*" (ebd. S. 223).

Das Ergebnis des Beziehungsereignisses zwischen Ich und Du, d.h. das Ich, das aus der Begegnung in die Abgelöstheit tritt, verliert nicht seine Wirklichkeit. "*Die Teilnahme bleibt in ihm angelegt und lebendig bewahrt*" (BUBER 1984, S. 66). Die Wirklichkeit des Ich ist also unmittelbar verknüpft mit der Teilnahme an der Wirklichkeit, wobei das Ich umso wirklicher wird, je vollkommender die Teilnahme an der Wirklichkeit ist. BUBER bezeichnet den Bereich, in dem das Beziehungsereignis für das Ich nachwirkt, als den "*Bereich der Subjektivität, darin das Ich seiner Verbundenheit und seiner Abgelöstheit in einem innewird. Die echte Subjetivität kann nur dynamisch verstanden werden, als das Schwingen des Ich in seiner einsamen Wahrheit. Hier ist auch der Ort, wo das Verlangen nach immer höherer, unbedingter Beziehung, nach der vollkommenen Teilnahme am Sein sich bildet und emporbildet. In der Subjektivität reift die geistige Substanz der Person*" (ebd. S. 66). Das Personsein ist in diesem Verständnis von BUBER abhängig von dem Ich-Du-Verhältniss, indem sich der Übergang vom Individuum zur Person in der Begegnung zwischen Ich und Du vollzieht. In der Beziehung zwischen Ich und Du wird sich das Individuum als Person selbst, d.h. als *"eines am Sein Teilnehmenden, als eines Mitseienden, und so als als eines Seienden bewußt*" (ebd. S. 66). Das bedeutet, *"der Mensch ist um so personenhafter, je stärker in der menschlichen Zwiefalt seines Ich das des Grundwortes Ich-Du ist*" (ebd. S. 68).

In der Begegnung werden Ich und Du als sich Begegnende erst konstituiert und sich ihrer selbst bewußt. In dem Sinne wie das Ich-Es Verhältnis durch die Objekte definiert ist, ist gleichermaßen für das Ich-Du-Verhältnis das Du in der Begegnung bestimmend. BUBER bringt damit zum Ausdruck, daß der Mensch *"am Du zum Ich*" (ebd. S. 32) wird. Folglich ist die Person bestimmt durch ein Mitsein, durch ein Seiendes, das am Sein des anderen teilhat. Wobei die Person, wie bereits oben erläutert, sich in der Wirklichkeit des 'Zwischen' konstituiert. Die Subjektivität ist das Resutat des Begegnungsereignisses im Raum des Zwischen, sie ist gekennzeichnet durch die Teilhabe am Sein innerhalb der Erfüllung des Seins in der Sphäre des Zwischenmenschlichen. Demzufolge konstituiert sich in der Wirklichkeit des Zwischen das Ich, d.h. *"Ich werde am Du; Ich werdend spreche ich Du"* (ebd. S. 15). *"Gegenüber kommt und entschwindet, Beziehungsereignisse verdichten sich und zerstieben, und im Wechsel klärt sich, von Mal zu Mal wachsend, das Bewußtsein des gleichbleibenden Partners, das Ichbewußtsein. Zwar immer noch erscheint es nur im Gewebe der Beziehung, in der Relation zum Du, als Erkennbarwerden dessen, das nach dem Du langt und es nicht ist, aber immer kräftiger hervorbrechend, bis einmal die Bindung gesprengt ist und das Ich sich selbst, dem abgelösten, einen Augenblick lang wie einem Du gegenübersteht, um alsbald von sich Besitz zu ergreifen und fortan in seiner Bewußtheit in die Beziehung zu treten"* (ebd. S. 32).

Grundlegend für die Wirklichkeit des Menschen ist für BUBER die Verbundenheit von Ich und Du, denn *"wer in der Beziehung steht, nimmt an einer Wirklichkeit teil, das heißt: an einem Sein, das nicht bloß an ihm und nicht bloß außer ihm ist"* (ebd. S. 65). Wirklichkeit in diesem Sinne ist *"die reale Verbundenheit der realen Zweiheit Ich und Du"* (ebd. S. 62), d.h. die Wirklichkeit wird von BUBER als *"erfüllte Verbundenheit"* (BUBER 1962, S. 28) bestimmt, denn *"nichts Einzelnes ist in sich wirklich"* (ebd. S. 28). Die Wirklichkeit des Menschen erklärt sich vor dem Hintergrund der bisherigen Erläuterungen aus dem Doppelverhältnis der Beziehung und Erfahrung im Sinne des Ich-Du und Ich-Es-Verhältnis des Ich zur Welt. Das Doppelprinzip des Menschseins, d.h. die Urdistanz als konstitutives Moment des Menschseins und das In-Beziehung-treten als Verwirklichung des Menschseins, entspricht zugleich der Dialektik von Ich-Du und Ich-Es. Innerhalb der Dialektik der beiden Grundworte Ich-Du und Ich-Es betont BUBER, daß die Notwendigkeit besteht, daß sich ein Umschlagen vom Du zum Es vollzieht. Hingegen wird der Umschlag vom Es zum Ich als eine Möglichkeit gedeutet.

Als die 'erhabene Schwermut unseres Loses' sieht BUBER die unvermeindliche Objektivierung dessen, daß das Du zum Es wird, d.h. daß das in der Begegnung bzw. in der Beziehung erscheinende Du nach der Verwirklichung in Raum und Zeit verlangt. *"So ausschließlich gegenwärtig es in der unmittelbaren Beziehung war: sowie sie sich ausgewirkt hat oder vom Mittel durchsetzt worden ist, wird es zum Gegenstand unter Gegenständen, zum vornehmensten etwa, dennoch zu einem von ihnen, in Maß und Grenze gesetzt. Am Werk bedeutet Verwirklichung im einen Entwirklichung im anderen Sinn"* (BUBER 1984, S. 20-21). Wenn die Es-Welt in einen Zusammenhang mit Raum und Zeit steht, hingegen das Du keinen Zusammenhang in Raum und Zeit hat, erklärt sich das Umschlagen der Ich-Du-Beziehung in eine Ich-Es damit, daß es für den

Menschen nicht möglich ist, nur in der reinen Gegenwart der Beziehung zu leben. Denn dies würde vor dem Hintergrund seiner Bestimmung der Ich-Du-Beziehung bedeuten, in der Umöglichkeit einer ständigen raum- und zeitlosen Anschauung zu leben. *"In der bloßen Gegenwart läßt sich nicht leben, sie würde einen aufzehren, wenn da nicht vorgesorgt wäre, daß sie rasch und gründlich überwunden wird"* (ebd. S. 38). Entsprechend ist davon auszugehen: *"Das einzelne Du muß, nach Ablauf des Beziehungsvorgangs, zu einem Es werden"* (ebd. S. 37). Folglich kann der Mensch ohne Es nicht leben, *"aber wer mit ihm allein lebt, ist nicht der Mensch"* (ebd. S. 38).

Aus diesem Grunde muß die prinzipielle Möglichkeit für den Menschen bestehen, daß der Übergang vom Es zum Du, d.h. von der Erfahrung zur Beziehung vollzogen werden kann, damit der Mensch aus der Vergangenheit wieder in die Gegenwart gelanen kann. *"Das einzelne Es kann, durch den Eintritt in den Beziehungsvorgang, zu einem Du werden"* (ebd. S. 37). Das Umschlagen des Ich-Du in Ich-Es bedeutet also: *"Jedem Du in der Welt ist seinem Wesen nach verhängt, Ding zu werden oder doch immer wieder in die Dinghaftigkeit einzugehen. In der gegenständlichen Sprache wäre zu sagen: jedes Ding in der Welt kann, entweder vor oder nach seiner Dingwerdung, einem Ich als sein Du erscheinen"* (ebd. S. 21).

Die Dialektik des Ich 'Zur-Welt-Seins' ist damit charakterisiert durch eine Dialektik zwischen Erfahrung und Beziehung, zwischen Du und Es sowie zwischen Gegenwart und Gegenstand, d.h. zwischen Betrachtung und Begegnung. Das Umschlagen des Du in ein Es bzw. die prinzipielle Möglichkeit des Übergang vom Es zum Du bezeichnet BUBER zwar als *"Grundprivilegien der Eswelt"* (ebd. S. 37), in der der Mensch lebt bzw. in der sich auch leben läßt, dennoch betont BUBER, daß das Verbleiben des Menschen in der Eswelt das eigentliche Menschsein ausschließt. Denn die Dialektik des Umschlagens vom Du zum Es bzw. vom Es zum Du schließt zugleich das Ich-Du bzw. Ich-Es mit ein. Mithin ist für BUBER nicht möglich, den Menschen in Person und Eigenwesen zu unterscheiden, da es für ihn nicht zweierlei Menschen gibt, *"aber es gibt die zwei Pole des Menschentums"* (ebd. S. 67). Insofern ist kein Mensch *"reine Person, keiner reines Eigenwesen, keiner ganz wirklich, keiner ganz unwirklich"* (ebd. S. 67), weil *"jeder lebt im zwiefältigen Ich"* (ebd. S. 67). Die zwei Pole des Menschentums entsprechen folglich der Dialektik von Person und Eigenwesen, wobei innerhalb dieses dialektischen Zusammenhanges der Mensch um so personenhafter ist, *"je stärker in der menschlichen Zwiefalt seines Ich das des Grundwortes Ich-Du ist"* (ebd. S. 68).

Ich-Du und Ich-Es als Verhältnisse des Ich zur Welt sind also nicht als ein Nebeneinander zu verstehen, sondern nur in ihrem dynamischen Zusammenwirken, d.h. in ihrem dialektischen Zusammenhang zu begreifen, innerhalb derer die Ich-Du Beziehung als solche das Personsein konstituiert. Zugleich ist die Dialektik von Du und Es vergleichbar mit dem o. a. Zusammenhang zwischen 'Gut' und 'Böse', d.h. zwischen 'Entscheidung' und 'Entscheidungslosigkeit'. Indem sich im Menschen 'die Kategorie der Möglichkeit verkörpert, und dessen Wirklichkeit unablässig von den Möglichkeiten umwittert wird' (vgl. BUBER 1986[c], S. 68) vollzieht sich das Leben des Menschen in der Dialektik von Möglichkeit und Wirklichkeit. Die Möglichkeiten des Menschen können zur Wirklichkeit gelangen, wenn in dem Spannungsfeld zwischen Mensch und Mensch eine wirkliche Gegenwart enthalten ist, die in der Begegnung als die 'Gegenwartende' und 'Gegenwährende' entsteht, und vor dessen Hintergrund die Entscheidung gefällt wird, daß diese Menschen sich wechselseitig in ihrem Sein die Möglichkeiten ihres Werden bestätigen. Der Mensch kann nicht leben ohne sich zu entscheiden, d.h. seine Existenz ist nicht zu erreichen *"ohne das Einschlagen und Einhalten der Einen Richtung"* (ebd. S. 75), d.h. der Richtung auf den Punkt des Seins, an dem ich in der Bestätigung durch den anderen bzw. in meiner Bestätigung des anderen dem *"Entwurf, der ich bin"* (ebd. S. 75) und zu werden vermag, begegne. Insofern ist die Entscheidungslosigkeit *"die Entscheidung zum Bösen"* (ebd. S. 28), die BUBER als die Richtungslosigkeit bezeichnet. Das Böse ist aber gleichsam, wie BUBER in seinem Werk 'Bilder von Gut und Böse' herausarbeitet, in der Entscheidung der 'Einen Richtung', d.h. in der Entscheidung für Gute wieder aufgehoben, indem in und durch das Gute das Böse negiert und zugleich bewahrt als auch emporgehoben wird.

Vor diesem Hintergrund erklärt die Dialektik von Gut und Böse bzw. der dialektische Zusammenhang von Entscheidung und Entscheidungslosigkeit, sowie die Dialektik Ich-Du und Ich-Es das dialogische Prinzip von BUBER. Insofern ist das dialogischen Prinzip von BUBER als ein dialektisches Phänomen zu begreifen, in dem die Logik des Dialogischen als eine dialektische zu begreifen ist (vgl. KLAFKI 1974, S. 77 f).

3.5 Ich-Du und Ich-Es als Dialektik von Sinn und Bedeutung

Im Folgenden sollen die Ich-Du und die Ich-Es Beziehung in Zusammenhang mit der kulturhistorischen Theorie erläutert werden. Der Kontext zur kulturhistorischen Theorie bezieht sich dabei insbesondere auf die in der Tätigkeit des Menschen sich ereignende Sinn- und Bedeutungskonstitution, wobei der Zusammenhang des Begriffes Sinn mit BUBERs Ich-Du-Verhältnis und die Kategorie Bedeutung mit der Ich-Es-Beziehung hergestellt werden soll.

Die in der Theorie der kulturhistorischen Schule insbesondere von A. N. LEONTJEW unter Bezugnahme auf MARX 1. FEUERBACH These entwickelte Tätigkeitstheorie interpretiert die Erkenntnis mit dem Begriff der Tätigkeit, wobei jede Tätigkeit eine Ringstruktur aufweist: *"Ausgangsafferenz --> effektorische Prozesse, die die Kontakte mit der gegenständlichen Umwelt realisieren --> Korrektur und Bereicherung des ursprünglichen Afferenzabbildes durch Rückkoppelungen"* (LEONTJEW 1982, S. 87). Innerhalb der Ringstruktur der Tätigkeit erfolgt *"der Übergang bzw. das 'Übersetzen' des Widergespiegelten in das subjektive Abbild, in das Idelle; in der Tätigkeit vollzieht sich gleichzeitig auch der Übergang des Idellen zu den objektiven Resultaten der Tätigkeit, zu ihren Produkten, zum Materiellen"* (LEONTJEW 1984, S. 16). Die Tätigkeit wird als eine *"fundamentale Einheit des individuellen Daseins des Menschen, als eine Einheit, die diese oder jene Lebensbeziehung des Menschen verwirklicht"* (ebd. S. 17) verstanden. Psychologisch ist die Tätigkeit ein Prozeß, innerhalb dessen sich die psychische Widerspiegelung der äußeren Welt im Sinne von inneren psychischen Prozessen realisiert, d.h. es handelt sich um einen Übergang vom Widergespiegelten zur psychischen Widerspiegelung. Andererseits kann die Tätigkeit sich als ein Prozeß ereignen, der selbst durch die psychische Widerspiegelung realisiert wird, wobei diese inneren psychischen Prozesse ursprünglich aus den äußeren hervorgegangen sind. Die Komplementarität von äußeren und inneren Prozessen charakterisiert also die Tätigkeit und innerhalb der Tätigkeit vollzieht sich, wie LEONTJEW betont, *"eine gewisse Öffnung der Sphäre der inneren psychischen Prozesse gegenüber der objektiven gegenständlichen Welt, die mit Macht in diese Sphäre eindringt"* (ebd. S. 19).

Der Prozeß des Eindringens der objektiven gegenständlichen Welt in die Sphäre der inneren psychischen Prozesse beinhaltet die Komplementarität der objektiven gegenständlichen Welt als objektive Bedeutungen, innerhalb derer die historisch gesellschaftlichen Erfahrungen und Werte akkumuliert sind, zu den innerpsychischen subjektiven Sinnbildungsprozessen. Der Sinn ist, wie LEONTJEW hervorhebt, keineswegs potentiell in den Bedeutungen enthalten, und kann ebenso nicht im Bewußtsein aus den Bedeutungen entstehen. *"Der Sinn wird nicht durch die Bedeutungen erzeugt, sondern durch das Leben"* (LEONTJEW 1982, S. 262), wohl aber bedarf der Sinn der Bedeutungen um sich ausdrücken zu können. Ferner können im Rahmen der subjektiven Sinnbildungsprozesse die Bedeutungen als historisch entwickelte gesellschaftliche Bedeutungsakkumulation immer nur annähernd und von den individuellen Erfahrungen ausgehend erschlossen werden. Aus diesem Spannungsverhältnis erklärt sich die Selbstbewegung des Individuums als 'Sinn des Lebens'. Im Spiegel dieser Zusammenhänge sind die von BUBER entwickelte Ich-Du und Ich-Es-Verhältnisse des

Menschen in der Komplementarität von Sinn und Bedeutung aufgehoben, d.h. die Ich-Du-Beziehung kann als die Sinnkonstitution und die Ich-Es-Beziehung als Bedeutungskonstitution bestimmt werden.

Welchen Sinn die Bedeutung für den Menschen hat hängt nicht nur davon ab, in welcher objektiven Beziehung der Gegenstand der Tätigkeit des Menschen zu den anderen Gegenständen der Situation steht, sondern vielmehr in welcher Beziehung der Gegenstand der Tätigkeit zu dem Menschen steht, zu seinen Bedürfnissen und Interessen, welche subjektive Bedeutung der Gegenstand für den Menschen hat. Dabei ist davon auszugehen, daß der Sinn sich auf die bedürfnisrelevanten Eigenschaften der Gegenstände, und die Bedeutungen sich auf die objektiven Eigenschaften bezieht. Die Beziehung des Menschen zum Gegenstand ist stets eine vermittelte, d.h. eine Ich-Du-Beziehung, eine dialogische, die den 'Hauptsinn' der Tätigkeit des Menschen darstellt. Über die soziale Vermittlung der Ich-Du-Beziehung erfolgt die Aneignung der Bedeutungen als subjektiver Sinn, die als Erfahrung, im Sinne eines Ich-Es-Verhältnisses, als operationalisierte Bedeutungssysteme gleichsam innerpsychisch als Abbild der äußeren Welt dem Subjekt als Werkzeug für die Tätigkeit zur Verfügung stehen. Wenn die Ich-Du-Beziehung, wie BUBER herausarbeitet, sich in der Gegenwart ereignet, wobei Gegenwart zugleich das Gegenwartende und Gegenwärtige in der Begegnung von Ich und Du impliziert, so entspricht dies JANTZENs Bestimmung des Sinnbegriffes, nämlich, *"daß Sinn eine Kategorie ist, die übergreifend das zusammenfaßt, was sich im Augenblick jeweils in der fließenden Gegenwart als Emotion darstellt"* (JANTZEN 1991, S. 139). Das Du wird also psychisch als Moment der Sinnkonstitution im Ich in der fließenden Gegenwart widergespiegelt und wird nach dem Ablauf des Begegnungsereignisses im Ich als Es widerspiegelt, d.h. als subjektive Erfahrung, im Sinne für das Ich erschlossene, operationalisierte Bedeutungssystem, ins Psychische eingetragen. Der Sinn drückt in diesem Verständnis die bedürfnisrelevante Seite der Tätigkeit des Ich aus, die über das Du in der 'fließenden Gegenwart' die Sinnhaftigkeit vermittelt. Die Widerspiegelung des Du im Ich als die Hauptform, in der sich die Sinnhaftigkeit der Tätigkeit des Ich verdeutlicht, ist damit im Sinne von JANTZEN zu kennzeichnen als ein 'Bindungsverhältnis' (ebd. S. 140). Die Widerspiegelung des Es im Ich bezieht sich sowohl auf die nach Abschluß des Beziehungsvorganges gewonnenen und ins Psychische abgelegten Bedeutungssysteme, als auch auf die psychisch widergespiegelten Bedeutungen außerhalb des Ich, die in der Widerspiegelung des Du im Ich durch die ihnen innewohnenden Möglichkeiten für das Ich zur Wirklichkeit werden können. Mithin repräsentiert die Es-Welt für das Ich einen Möglichkeitsraum, der in der Tätigkeit des Ich über die Widerspiegelung des Du im Ich in der fließenden

Gegenwart zur Wirklichkeit gelangen kann. Damit ist die sinnhafte Seite der Tätigkeit in der fließenden Gegenwart durch die Widerspiegelung des Du als bedürfnisrelevante Eigenschaft im Ich gegenüber der Bedeutungen, in der Widerspiegelung des Es als objektive Eigenschaft im Ich, nach JANTZEN als das *"übergreifende Allgemeine"* (ebd. S. 292) zu verstehen. In der Einheit von Tätigkeit, Sinn und Bedeutung ist also gleichsam vor diesem Hintergrund das Dialogische, als die Widerspieglung des Du im Ich, d.h. als Bindungsverhältnis im Sinne einer rückgekoppelten Wechselbziehung zwischen Ich und Du als Hauptform der Sinnhaftigkeit der Tätigkeit immanent enthalten.

4 INTERPRETATION DES WERKES VON BUBER

Die Interpretation des Werkes von BUBER erfolgt vor dem Hintergrund der zuvor exemplarisch ausgewählten Darstellung einiger Aspekte der Grundannahmen der dialogischen Philosophie. Auf die Gemeinsamkeiten des dialogischen Prinzips mit der materialistischen Behindertenpädagogik ist bereits hingewiesen worden. Im Spiegel der dialektisch materialistischen Position leistet BUBERs philosophische Anthrologie einen Beitrag für eine zu konstituierende marxistische Anthropologie, die als die Voraussetzung einer materialistischen Behindertenpädagogik zu begreifen ist. Voraussetzung meint in diesem Sinne die Konstituierung eines Welt- und Menschenbildes, das sich orientierend auf die Haltungen und Handlungen im pädagogisch/therapeutischen Prozessen auswirkt.

Grundlegend wird in der Theorie der kulturhistorischen Schule (JANTZEN, LEONTJEW, LURIA, WYGOTSKI) das Werden des Menschen einerseits konkret historisch bestimmt und andererseits als Ergebnis der sozialen Lebensprozesses verstanden. Der Gegenstandsbereich einer herauszubildenden marxistischen Anthropologie die, wie JANTZEN herausarbeitet, vom individuellen Menschen ihren Ausgang nimmt, umfaßt die Momente, "*wie Natürliches und Gesellschaftliches sich verbindet, wie Psychisches auf menschlichem Niveau entsteht und wie die individuelle Entfaltung der Subjektiviät, aber unter den konkreten gesellschaftlichen Bedingungen und nur unter diesen, stattfindet*" (JANTZEN 1991, S. 21). Der zentrale Gegenstand einer marxistischen Anthroplogie wäre in diesem Verständnis von JANTZEN der 'ganzheitliche Mensch'. Menschliche Entwicklung wird in diesem Kontext verstanden als ein sozial vermittelter und vermittelnder Prozeß im tätigen Austausch zwischen Individuum und Umwelt als Wechselwirkung der die Ganzheit der menschlichen Existenz absichernden

Einheit der biotischen, psychischen und sozialen Ebenen der menschlichen Tätigkeit. Die Reihenfolge der Ebenen charakterisiert eine wechselseitig rückgekoppelte, hierarchische Abhängigkeit, wobei die soziale Ebene als die höchste zu begreifen ist. Die jeweils höhere Ebene spielt eine führende Rolle gegenüber der tieferen, sie kann sich aber nur mit Hilfe der tieferen realisieren (vgl. LEONTJEW 1982, S. 220 f). Eine marxistische Anthropologie ist, wie JANTZEN betont, "*möglich und notwendig, insofern und insoweit sie die Gesetzmäßigkeiten dieses Zusammenhangs der Ebenen in den Mittelpunkt ihrer methodologischen Ausarbeitung stellt*" (JANTZEN 1990[b], S. 346). Methodologisch ist in diesen verschiedenen Ebenen aber gleichzeitig das Verhältnis von Allgmeinem, Besonderem und Einzelnem zu beachten, da, so JANTZEN, sich dieses Verhältnis jeweils ändern kann und aus diesem Grunde zum Gegenstand unterschiedlicher Wissenschaften werden kann. Vor dem Hintergrund dieser Gesetzmäßigkeiten kann eine marxistische Anthroplogie ihren Gegenstandsbereich nicht auf die biotische und psychische Ebene beziehen. Die Frage gegenüber diesen Ebenen der Organisation der lebendigen Materie ist vielmehr die, "*nach allgemeinen und historischen gewordenen Eigenschaften im Sinne von Möglichkeitsräumen wie notwendigen Strukturen menschlicher Tätigkeit, die jedoch nur konkret historisch und sozial realisiert werden und existieren können*" (ebd. S. 346). Die marxistische Anthropologie beinhaltet demnach "*die Erforschung des Möglichkeitsraumes des Menschen in der Menschheit*" (ebd. S. 346).

Ein gedanklicher Zusammenhang zwischen der Methodologie einer möglichen marxistischen Anthropologie und der von BUBER erarbeiteten philosophischen Anthropologie besteht insofern, als daß BUBER mit dem Dialogischen etwas Prinzipielles, eine Wesensaussage über den Menschen verbindet und zugleich in der kulturhistorischen Theorie das Dialogische als sinnkonstituierendes Moment aufgehoben ist. BUBERs dialogisches Prinzips betont das Primat der Beziehung im menschlichen Wirkungskreis, d.h. im Sinne der methodologischen Grundsätze der marxistischen Anthropologie, ist für BUBER die soziale Ebene, ausgedrückt in dem Verhältnis des 'Mensch-mit-Mensch-sein' bzw. in der 'Sphäre des Zwischenmenschlichen', als die führende zu verstehen. Mithin umfaßt BUBERs philosophische Anthropologie, wie aufgezeigt wurde, durchaus 'die Erforschung des Möglichkeitsraumes des Menschen in der Menschheit'.

Die Hervorhebung des Primats der Begegnung bzw. der Beziehung zwischen Mensch und Mensch im Sinne eines Ich-Du-Zusammenhanges zeigt zugleich den Raum auf, innerhalb dessen die Möglichkeit Mensch zur Wirklichkeit werden kann, wobei BUBER, wie von JANTZEN gefordert, im Kontext seiner philosophischen Anthropologie von dem 'individuellen Menschen' ausgeht bzw.

aufzeigt, wie sich der Übergang vom Individuum zur Person vollzieht. Dabei bedient BUBER sich in der Herleitung der dialogischen Philosophie und der damit einhergehenden Bestimmung der dialogischen Seinweise der menschlichen Existenz erkenntnistheoretischer Begriffe. Die Antwort auf die Frage, 'Wie ist der Mensch möglich?' gibt er mit dem Begriff der Urdistanz, die das 'Apriori des Menschseins' darstellt. Erkenntnistheoretisch geht BUBER von einem *Apriori der Beziehung*" (BUBER 1984, S. 31) aus, daß die Beziehung im Sinne einer apriorischen Kategorie als das *"eingeborene Du"* (ebd. S. 31) im Wesen des Menschen angelegt ist. Erläutert wird von BUBER das 'eingeborene Du' als *"äußere Beziehungsfähigkeit"* (BUBER 1965, S. 156 f), die sich am anderen Menschen auswirken soll. Gleichermaßen wird von BUBER das Moment der 'Bestätigung des Menschen durch den Menschen' im Sinne einer apriorischen Kategorie hergeleitet, indem er die Bestätigung als *"eingeborene Fähigkeit"* (BUBER 1978, S. 28) des Menschen deutet. BUBER begründet seine erkenntnistheoretischen 'Anleihen' damit, daß er unzweideutig zum Ausdruck bringen wollte, *"daß die Begegnung zwar 'von Gnaden' geschieht, daß sie sich aber nicht der menschlichen Person antut, sondern in ihr präformiert* (von mir hervorgehoben W. L.) *ist, daß der Mensch nicht bloß begegnungswillig ist, sondern auch begegnungsfähig ist"* (BUBER 1963, S. 600 f). Indem BUBER die Begegnung als im Menschen 'präformiert' betrachtet, wird damit dem Prozeß des In-Beziehung-tretens logisch eine Seinsbestimmung des Menschen zugrunde gelegt, die im Sinne einer Begegnungsfähigkeit als Möglichkeit im Menschen angelegt ist. Erkenntnistheoretisch begreift BUBER die Begegnung als eine historisch gewordene Eigenschaft des Menschen, die einen Möglichkeitsraum repräsentiert, dessen Verwirklichung sich aber maßgeblich nur in der 'Sphäre des Zwischenmenschlichen', im Dialog ereignen kann bzw. nur existent sein kann durch die wechselseitige 'ontische Partizipation'. Mithin stellt BUBERs 'Sphäre des Zwischenmenschlichen' als das Verhältnis des 'Mensch-mit-Mensch-seins' im Spiegel der marxistischen Anthropologie einen 'Möglichkeitsraum des Menschen in der Menschheit' dar.

Die erkenntnistheoretischen, apriorischen Kategorien von BUBER, d.h. das 'eingeborene Du' als 'äußere Beziehungsfähigkeit' bzw. die im Menschen 'präformierten Begegnung' als prinzipielle Begegnungsfähigkeit sind im Sinne der materialistischen Dialektik einerseits zu historisieren. Andererseits ist die Möglichkeit der Erkenntnis dieser Kategorien aus der Praxis heraus abzuleiten bzw. auf die Praxis zurückzuführen. In diesem Zusammenhang ist es sinnvoll, einen Bezug zu LENIN herzustellen. In seinem 'Konspekt zu Hegels Wissenschaft der Logik' betont LENIN die Bedeutung der Praxis: *"Die Praxis ist höher als die (theoretische) Erkenntnis, denn sie hat nicht nur die Würde des*

Allgemeinen, sondern auch der unmittelbaren Wirklichkeit" (LENIN 1973, S. 204). Entsprechend sind die erkenntnistheoretischen apriorischen Kategorien von BUBER in ein Erkenntnisverhältnis zu übertragen, in dem die Erkenntnis als eine Beziehung zu begreifen ist, die gleichsam die Dialektik von Erkennendem und Erkanntem beinhaltet. Die Dialektik impliziert in diesem Verständnis einen Doppelaspekt, der sich in den Begriffen System und Methode ausdrückt, im Sinne einer 'Dialektik als offenes System' (vgl. BARTELS e.a. 1986). Dabei ist die Hervorhebung der Dialektik als System und Methode, wie HOLZ herausarbeitet, das Ergebnis der materialistischen Umkehrung der Hegelschen Dialektik (vgl. HOLZ 1986, S. 16 ff). Sowohl die Historisierung als auch die Ableitung aus der Praxis bzw. die Zurückführung auf die Praxis der erkenntnistheoretischen, apriorischen Kategorien von BUBER ist also in einen Zusammenhang mit einem konstruktiven System der Dialektik zu bringen. Insofern erscheint es zunächst sinnvoll, die von LENIN entfalteten 'Elemente der Dialektik' anzuführen (vgl. LENIN 1973, S. 212 ff), um die Grundgedanken eines materialistischen Dialektikverständnisses zu verdeutlichen, vor deren Hintergrund das dialogische Prinzip von BUBER zu interpretieren wäre und in dem die erkenntnistheoretischen Kategorien aufgehoben werden können.

LENIN führt im Rahmen der Erläuterung der 'Elemente der Dialektik' 16 Punkte an (vgl. ebd. S. 212-214), die von HOLZ in vier Gruppen geliedert werden (vgl. HOLZ 1986, S. 19 ff). Die erste von HOLZ angeführte Gruppe (I) umfaßt die 'methodologischen Aspekte', die LENINs Punkte 1, 7, und 10-12 entsprechen. Die zweite Gruppe (II) ist gekennzeichnet durch die 'Aspekte der Totalität', die sich in LENINs Punkten 2 und 8 widerspiegeln. Die dritte Gruppe (III) bezeichnet HOLZ als die 'Gruppe der Aspekte der Entwicklung' (Bewegung), entsprechend der Punkte 3 und 13-16 bei LENIN. Schließlich führt HOLZ als vierte Gruppe (IV) die 'Aspekte von Widerspruch und Übergang' an, die bei LENIN in den Punkten 4-6 und 9 wiederzufinden sind.

Die in Gruppe II angeführten Punkte von LENIN (2 und 8), bilden für HOLZ eine 'ontologische Grundlage', innerhalb derer die Welt als eine Einheit des Mannigfaltigen betrachtet wird, in dem das Einzelne begründet ist in dem Ganzen und durch das Ganze: *"2) die ganze Totalität der mannigfaltigen Beziehungen dieses Dinges zu den anderen... 8) die Beziehungen jedes Dinges (jeder Erscheinung etc.) sind nicht nur mannigfaltig, sondern allgemein, universell. Jedes Ding (Erscheinung, Prozeß etc.) ist mit jedem verbunden"* (LENIN 1973, S. 213). In diesem Kontext verweist HOLZ auf HEGELS Aussage 'Das Wahre ist das Ganze', sowie auf LEIBNITZ Begriff der Welt als 'monas monandum' als auch auf SPINOZAs Begriff der 'Substanz als concatenatio rerum' (HOLZ 1986, S. 19), um zu verdeutlichen, daß LENINs Ausgangspunkt der Entfaltung der Dialektik als 'Systemkonstruktion' in einer philosophiegeschichtlichen Tradition steht. So führt LENIN bezugnehmend auf HEGEL an: *"... Hegel stellt zwei Grundforderungen: 1) 'Die Notwendigkeit des Zusammenhangs' und 2) 'die immanente Entstehung der Unterschiede'. Sehr wichtig! Das bedeutet meines Erachtens folgendes: 1) Notwendiger Zusammenhang, objektiver Zusammenhang aller Seiten, Kräfte, Tendenzen etc. des gegebenen Gebiets der Erscheinungen; 2) 'immanente Entstehung der Unterschiede' - die innere objektive Logik der Evolution und des Kampfes der Unterschiede, der Polarität"* (LENIN 1973, S. 89). Gleichermaßen hält LENIN aus FEUERBACHs Darstellung *"'Es gibt überhaupt nichts absolut Diskretes in der Natur; alle Gegensätze, alle Grenzen des Raumes und der Zeit und der Art verschwinden vor der absoluten Kontinuität, dem unendlichen Zusammenhang des Universums'"* (ebd. S. 69) für LEIBNITZ fest: *"Hier* (bei LEIPNIZ, W. L.) *haben wir eine Dialektik eigener Art, und eine sehr tiefe, trotz Idealismus und Pfaffentum"*[(4)]. Die Konstituierung der Dialektik als Systemkonstruktion auf der ontologischen Grundlage drückt damit aus, daß die Totalität als ein System von universellen Verknüpfungen von jedem mit jedem zu verstehen ist.

Vor diesem Hintergrund des von LENIN herausgearbeiteten universellen Zusammenhanges der materiellen Welt ergibt sich, daß die von LENIN, bezugnehmend auf HEGEL, betonte Notwendigkeit des Zusammenhanges und die damit einhergehende immanente Entstehung von Unterschieden, d.h. von Gegensätzen und Widersprüchen, zugleich grundlegt, daß aus der Maninngfaltigkeit der Welt zugleich ihre Einheit hervorgeht. Entsprechend ist die Einheit der Welt charakterisiert durch ihre ihr innewohnenden Widersprüche und Gegensätze. In diesem Sinn betont LENIN in seinen 'Elementen der Dialektik', daß sich *"5) das Ding (die Erscheinung etc.) als Summe **und Einheit der Gegensätze** "* (ebd. S. 213) darstellt, innerhalb dessen sich *"4) die innerlich widersprechenden **Tendenzen (und** Seiten) in diesem Ding"* (ebd. S. 213) äußern, sowie dessen räumlich und zeitliche Existenz sich über den *"6) Kampf resp. Entfaltung dieser Gegensätze, der widersprechenden Bestrebungen etc. "* (ebd. S. 213) herleitet. Damit wird *"3) die **Entwicklung** dieses Dinges (resp. der Erscheinung) seine eigene Bewegung, sein eigenes Leben"* (ebd. S. 213). Das bedeutet, *"Bedingung der Erkenntnis aller Vorgänge in der Welt in ihrer '**Selbstbewegung**', in ihrer spontanen Entwicklung, in ihrem lebendigen Leben ist die Erkenntnis derselben als Einheit von Gegensätzen. Entwicklung ist 'Kampf' der Gegensätze"* (ebd. S. 339). Dabei richtet sich die Selbstbewegung *"gerade auf die Erkenntnis der*

(4) ebd S. 69. Das FEUERBACH Zitat ist mit Rand Anstreichungen und NB hervorgehoben, die darüber im Kasten stehende Bemerkung mit Pfeil bezieht sich darauf.

***Quelle** der '**Selbst**'bewegung"* (ebd. S. 339). Eine Erläuterung der Formen der Bewegung gibt LENIN in den 'Elementen seiner Dialektik' unter Punkt 13-16: *"13) die Wiederholung bestimmter Züge, Eigenschaften etc. eines niederen Stadiums in einem höheren und 14) die scheinbare Rückkehr zum Alten (Negation der Negation) 15) Kampf des Inhalts mit der Form und umgekehrt. Abwerfen der Form, Umgestaltung des Inhalts. 16) Übergang der Quantität in die Qualität und **vice versa**"* (ebd. S. 214).

In LENINs Entwurf eines konstruktiven Systems der Dialektik erkennt HOLTZ eine 'Konzeption der Seinweise der Welt' die sich wie folgt für ihn darstellt: *"als 1) Gesamtzusammenhang vieler Einzelner, der 2) in sich selbst bewegt ist, welche Bewegung bestimmte allgemeine Formen annimmt und der 3) die Existenz realer Widersprüche einschließt, die die Bewegung in Gang halten"* (HOLZ 1986, S. 21). Bei dem von HOLZ unter der Gruppe I angeführten methodologischen Aspekt des konstruktiven Systems der Dialektik geht LENIN davon aus: *"Der Mensch kann die Natur nicht als **ganze**, nicht vollständig, kann nicht ihre 'unmittelbare Totalität' erfassen = widerspiegeln = abbilden, er kann dem nur **ewig** näher kommen"* (LENIN 1973, S. 172). Das bedeutet, daß der Gesamtzusammenhang dem Menschen nie unmittelbar gegeben ist, sondern jeweils vom Menschen selbst gedanklich zu konstruieren ist. Unter Bezugnahme auf HEGEL führt LENIN aus, *"auf diesem sich selbst konstuierenden Wege allein ... ist die Philosophie fähig, objektive, demonstrierte Wissenschaft zu sein"* (ebd. S. 80), und das beinhaltet für LENIN: *"Der 'sich selbst konstruierende Weg' = der **Weg** (das ist meines Erachtens der Kern) der wirklichen Erkenntnis, des Erkennens, der Bewegung vom Nichtwissen zum Wissen"* (ebd. S. 80). LENIN präzisiert diesen Weg der Erkenntnis unter Punkt 10-12 in seinen 'Elementen der Dialektik': *"10) unendlicher Prozeß der Erschließung **neuer** Seiten, Beziehungen etc. 11) unendlicher Prozeß der Vertiefung der Erkenntnis des Dinges, der Erscheinungen, Prozesse usw. durch den Menschen, von der Erscheinung zum Wesen und vom weniger tiefer zum tieferen Wesen. 12) vom Nebeneinander zur Kausalität und von der einen Form des Zusammenhangs und der wechselseitigen Abhängigkeit zu einer anderen, tieferen, allegemeineren"* (ebd. S. 213). Der Prozeß des Werdens des Wissens verläuft mittels der *"7) Vereinigung von Analyse und Synthese - das Zerlegen in einzelne Teile und die Gesamtheit, die Summierung dieser Teile"* (ebd. S. 213), wobei *"1) die **Objektivität** der Betrachtung (Nicht Beispiele, nicht Abschweifungen, sondern das Ding an sich selbst)"* (ebd. S. 212) zu verstehen ist als einen objektiven, auf das Ding selbst gerichteten Sinn.

Die hier in aller Kürze erläuterte dialektische Methode bildet die dialektische Struktur der Welt ab. Aus diesem Grunde, so HOLZ, ist die dialektische Methode primär eine 'ontologische Theorie' und sekundär eine 'Methode'. HOLZ erklärt diesen Zusammenhang damit, daß das Eigentümliche der Dialektik darin besteht, daß sich ihr ontologischer Gehalt jeweils erst in ihrer Anwendung als Methode äußert, wobei gleichwohl die Methode der materialistischen Dialektik von einem Verständnis der dialektischen Struktur der Wirklichkeit ausgeht, welches sich erst in dem Prozeß ihrer Anwendung als in sich schlüssig erweisen kann (HOLZ 1986, S. 21-22). Insofern handelt es sich um eine 'Dialektik als offenes System', da sich die Totalität und die Zeitlichkeit der Welt nicht unmittelbar in einem theoretischen System abbilden lassen, aber mittels der Methode der Systemkonstruktion darstellbar ist. Die Offenheit dieser Systemkonstruktion drückt sich darin aus, indem das System seine Perspektive, seinen eigenen Widerspiegelungsmodus spiegelt, d.h. in der Reflektion der Reflektion sich selbst spiegelt, sich öffnet für Entwicklung und Veränderung (s. Vorwort. In: BARTELS e.a. 1986, S. 9-10).

Die Aufhebung der BUBERschen erkenntnistheoretischen, apriorischen Kategorien in eine Dialektik als offene Systemkonstruktion, hat ihren Ausgangspunkt in einer Reinterpretation dieser Kategorien vor dem Hintergrund der Klärung ihrer ontologischen Grundlegung. Das bedeutet unter Bezugnahme auf LENIN, daß der Gegenstand der Erkenntnistheorie, nämlich *"das subjektive Bewußtsein und sein Versenktsein in der Objektivität"* (LENIN 1973, S. 194), nicht schlüssig in der Erkenntnis selbst begründet ist bzw. sich nicht durch die Erkenntnistheorie ableiten läßt, da als *"erste **Stufe**, Moment, Anfang, Ausgangspunkt der Erkenntnis ... ihre Endlichkeit und Subjektivität, die Negation der Welt an sich"* (ebd. S. 196) in Erscheinung tritt. Insofern ist BUBERs erkenntnistheoretisch hergeleitete Begründung der Ich-Du-Kategorie, d.h. das Werden des Ich am Du durch die im Menschen 'präformierte Beziehungsfähigkeit' in einen Zusammenhang zu bringen mit den von LENIN in seinen 'Elementen der Dialektik' angeführten Punkten 2 und 8, die wie o. a. eine ontische Grundlage bilden. In LENINs Konzept der Totalität der mannigfaltigen Beziehungen jedes Dinges und jeder Erscheinung, in der jedes Ding, jede Erscheinung mit jedem verbunden ist, sind die erkenntnistheoretischen apriorischen Kategorien von BUBER als immanenten Erscheinungen in der Einheit der Welt gleichsam mit aufgehoben. Aufheben meint damit, daß die Erkenntnis ein Erkenntnisverhältnis bedingt, daß das Verhältnis von Erkennendem und Erkannten impliziert, in dem die Erkenntnis nicht von dem Gegenstand der Erkenntnis getrennt werden kann. Methodologisch ist in diesem Zusammenhang darauf zu verweisen, daß der Gegenstandsbereich der Erkenntnis uns nie unmittelbar gegeben ist, sondern, wie LENIN hervorhebt, 'der sich selbst konstruierenden Weg ist der Kern der Erkenntnis, des Erkennens, der Bewegung von Wissen und Nichtwissen'. Das bedeutet: "*Das theoretische Erkennen soll das Objekt in seiner Notwendigkeit, in seinen allseitigen Beziehungen, in seiner widersprechenden Bewegung, an und für sich geben. Aber der menschliche Begriff erfaßt, ergreift diese objektive Wahrheit des Erkennens und bemächtigt sich ihrer 'endgültig' erst dann, wenn der Begriff zum 'Fürsichsein' im Sinne der Praxis wird. D.h., die Praxis des Menschen und Menschheit ist die Probe, das Kriterium für die Objektivität der Erkenntnis*" (ebd. S. 202). Der Kern dieser erkenntnistheoretischen Auseinandersetzung drückt sich darin aus, daß eine materialistische Ontologie die von BUBER formulierte 'Ontologie des Zwischenmenschlichen' als ein 'materielles Verhältnis' beschreibt und entsprechend aus der materiellen Verfaßtheit der Welt die Begründung der Dialektik herleitet.

Wesentlich für eine materialistische Dialektik ist das Konzept der Totalität, vor dessen Hintergrund sich als ontologischer Grundlegung die Erkenntnisprozesse ereignen. In dem Verhältnis des Einzelnen zum Allgemeinen ist eine Differenzierung insofern gegeben, als daß es sich um eine Unterscheidung innerhalb eines übergreifenden Allgemeinen im Sinne der materiellen Einheit der Welt bzw. des Universums handelt. "*Die logischen Begriffe sind subjektiv, solange sie 'abstrakt', in ihrer abstrakten Form bleiben, aber zugleich drücken sie auch die Dinge an sich aus ... In der theoretischen Idee ... steht der subjektive Begriff (die Erkenntnis?), als das Allgemeine und an und für sich Bestimmungslose, der objektiven Welt entgegen, aus der er sich den bestimmten Inhalt und die Erfüllung nimmt*" (ebd. S. 198; S. 203). Wenn BUBERs Begriff der Welt, der für ihn aufs engste verknüpft ist mit dem Menschen - "*eben wenn und insofern es Welt gibt, gibt es den sie bedingenden Menschen im Sinn nicht einer Gattung der Lebenwesen, sondern einer in die Wirklichkeit gekommenen Kategorie*" (BUBER 1978, S. 14-15) - aufgehoben wird in dem Konzept der Totalität, d.h. in der 'Allseitigkeit der Beziehungen von jedem zu jedem anderen in einer unendlichen Welt und die Realisierung dieser Universalität in der unendlichen Menge von Wechselbeziehungen'(5), so steht BUBERs Aussage, "*jede wesenhafte Erkenntnis ist in ihrem Ursprung Kontakt mit einem Seiendem und in ihrer Vollendung Besitz eines Begriffstandes*" (BUBER 1963, S. 592) in Übereinstimmung mit den von LENIN o.a. Formulierungen hinsichtlich der erkenntnistheoretischen Beurteilung. Die Aussage von BUBER bedarf aber der Ergänzung, denn so LENIN, "*jeder Begriff befindet sich in einer bestimmten*

(5) HOLZ, H.H.: Bewegung-Veränderung-Fortschritt. In: HOLZ/LAPIN/SANDKÜHLER (Hrsg.): Annalen der internationalen Gesellschaft für dialektische Philosophie Societas Hegeliana V 1988. Die Dialektik und die Wissenschaft- Philosophische Fragen moderner Entwicklungskonzeptionen, S. 42

***Beziehung**, in einem bestimmten Zusammenhang mit **allen** übrigen*" (LENIN 1973, S. 187). Insofern ist die Erkenntnis für LENIN "*die ewige, unendliche Annäherung des Denkens an das Objekt. Die **Widerspiegelung** der Natur im menschlichen Denken ist nicht 'tot', nicht 'abstrakt', **nicht ohne Bewegung**, nicht ohne Widersprüche, sondern im ewigen Prozeß der Bewegung, des Entstehens der Widersprüche und ihrer Lösung aufzufassen*" (ebd. S. 185).

Der Widerspruch als ein zentrales Moment der materialistischen Dialektik bringt damit zum Ausdruck, daß die Welt bzw. das Universum des real Möglichen nicht identisch ist mit real, d.h. existierendem Wirklichen. Hieraus erklärt sich das allgemeine dialektische Entwicklungsprinzip, das Streben des real Wirklichen, Existenten als 'Kampf der Gegensätze' im Rahmen der materiellen Einheit der Welt, die als Einheit von Gegensätzen zu begreifen ist. Die Begriffe Erkenntnis und Entwicklung können im Rahmen einer materialistischen Dialektik nicht auf das Konzept der Totalität verzichten, denn die "*Bedingung der Erkenntnis aller Vorgänge in der Welt in ihrer 'Selbstbewegung', in ihrer spontanen Entwicklung, in ihrem lebendigen Leben ist die Erkenntnis derselben als Einheit von Gegensätzen*" (ebd. S. 339). Im Spiegel des Weltbildes der Einheit von Gegensätzen des Konzepts der Totalität, innerhalb dessen der Gegensatz bzw. der Widerspruch das Prinzipielle der Selbstbewegung beschreibt, sind für die Bestimmung des Verhältnisses des Einzelnen zum Allgemeinen zugleich, so LENIN, "*die allgemeinen Voraussetzungen für das Sein des **konkreten** Subjekts (= Leben des Menschen) in der objektiven Umgebung in Betracht* (zu) *ziehen*" (ebd. S. 192). Hieraus folgt für LENIN: "*Leben = das individuelle Subjekt scheidet sich gegen das Objektive ab*" (ebd. S. 192). Damit setzt der Begriff Mensch als Subjektives nach LENIN "*wieder ein an sich seiendes Anderssein (= die vom Menschen unabhängige Natur) voraus*" (ebd. S. 203). In dieser Bestimmung des Sein des Menschen geht BUBER gleichermaßen davon aus, daß "*das Prinzip eines Seins ... ja nicht anders zu erschließen* (ist), *als daß man zunächst die Wirklichkeit dieses Seins gegen die Wirklichkeit anderen bekannten Seins sich abheben läßt*" (BUBER 1978, S. 9-10). Über den Prozeß des sich Abhebens gelangt BUBER zu der Erfassung des Prinzips des menschlichen Seins, das sich, wie o.a., in einer doppelten Bewegung aufbaut, Urdistanz und In-Beziehung-treten. Wobei die Bewegung der Urdistanz die Voraussetzung für das In-Beziehung-treten darstellt. Die Bedeutung BUBERs für die materialistische Dialektik besteht in der Hervorhebung des Dialogischen innerhalb der Einheit der Gegensätze. Das bedeutet, daß das Dialogische als ein dem Dialektischen immanentes Moment zu bestimmen ist, das dadurch gekennzeichnet ist, daß das Dialektische ohne das Dialogische nicht zu denken ist, und gleichermaßen das Dialogische nicht ohne das Dialektische verstanden werden kann. In dem

Konzept der Totalität rerpräsentiert das Dialogische den Begriff der Wechselwirkung, d.h. das Dialogische ist die Bewegung, die die Universalität und Mannigfaltigkeit jedes Dinges und jeder Erscheinung, d.h. die Verbundenheit jedes Dinges, jeder Erscheinung mit jedem als Wechselwirkung des universellen Zusammenhanges abbildet. LENINs Aussage, "*die Gewißheit seiner selbst, die das Subjekt ... in seinem An-und-für-sich-Sein als bestimmtes Subjekt hat, ist eine Gewißheit seiner Wirklichkeit und der* ***Unwirklichkeit*** *der Welt*" (LENIN 1973, S. 203-204), kann insofern mit dem dialogischen Prinzip ergänzt werden, als daß die Dialektik der Gewißheit der Wirklichkeit und Unwirklichkeit durch das Dialogische bedingt ist, indem sich über das Dialogische die Gewißheit der Erkenntnis des Wirklichkeit ereignet.

Das Dialogische stellt in diesem Sinne seiner Aufhebung in die Systematik und Methodologie eines dialektischen Systems eine ontologische Grundlegung dar und entspricht damit den 'Aspekten der Totalität', d.h. 'der Erkenntnis derselben als Einheit von Gegensätzen'. Das Dialogische als Moment der ontologischen Grundlegung der materialistischen Dialektik verdeutlicht sich an der von BUBER herausgearbeiteten Dialektik der Verhältnisse von Ich-Du und Ich-Es. Das dialektische Verhältnis von Ich-Du und Ich-Es ist gekennzeichnet durch den diesem Verhältnis innewohnenden Widerspruch, der im Sinne von LENIN als eine 'Quelle der Selbstbewegung' bezeichnet werden kann. Damit entspricht das dialektische Verhältnis von Ich-Du und Ich-Es sowohl der Gruppe III der 'Elemente der Dialektik' - 'Aspekte der Entwicklung (Bewegung) [Punkte 3 und 13-16] - als auch der Gruppe IV - 'Aspekte von Widerspruch und Übergang' [Punkte 4-6 und 9]. Ich-Du und Ich-Es sind also als zwei komplementäre Begriffspaare zu begreifen, in denen sich die Du-Welt als gegensätzlich zur Es-Welt verhält, und die Entwicklung sich als der Übergang von einem Zustand in den anderen ausdrückt, d.h. daß das Streben nach Existenz zugleich einen Kampf der Gegensätze innerhalb der Einheit der Totalität beinhaltet.

Wenn BUBER mit seinen erkenntnistheoretischen 'Anleihen' unzweideutig zum Ausdruck bringen wollte, daß die Begegnung im Menschen 'präformiert' ist, d.h. der Mensch für ihn nicht nur 'begegnungswillig' sondern auch 'begegnungsfähig' ist, so kann dies nunmehr vor dem Hintergrund 'der Totalität der mannigfaltigen Beziehungen', - die Beziehungen sind nicht nur mannigfaltig, sondern allgemein und universell, in dem jedes Ding, Erscheinung und Prozeß mit jedem verbunden ist - aus der ontologischen Grundlage heraus erklärt werden. Die 'Präformiertheit' der Begegnung im Menschen ergibt sich aus einem Konzept der Welt im Ganzen, das als ein universelles Reflektionssystem gedacht wird. Die von BUBER formulierte Begegnungsfähigkeit ist also in den Zusammenhang mit LENINs Konzept der Totalität zu bringen, so daß die 'Präformiertheit' der Begegnung im Menschen im Kontext mit der 'Selbstbewegung' im Rahmen der materialistischen Entwicklungskonzeption zu begreifen ist. Entscheidend für die Entwicklung ist das Übergehen des einen Zustandes in den anderen. Wird nun der Begriff Begegnung im Kontext mit dem innerhalb der materialistische Entwicklungsdialektik verwendeten Begriff des Übergangs bestimmt, so setzen Begegnung bzw. Übergang den 'Zusammenhang als den des Unterschieds', d.h. begegnend bzw. übergehehend 'ist etwas im selbigen Augenblick und in selbiger Hinsicht es selbst und sein Anderes' (vgl. HOLZ 1988, S. 42). Begegnung als auch Übergang implizieren im Kontext mit dem Prinzip der Entwicklung, in dem der Widerspruch die Form der Entwicklung ist, das Verhältnis der 'bestimmten Negation', innerhalb dessen sich die Einheit der mannigfaltigen Welt ausdrückt. Insofern ist die Begegnung bzw. der Übergang im Zusammenhang mit Entwicklung von der übergreifenden Einheit der Unterschiedenen her zu begreifen. *"Die denkende Vernunft (Verstand) SPITZt den abgestumpften Unterschied des Verschiedenen, die bloße Mannigfaltigkeit der Vorstellungen, zum* ***wesentlichen*** *Unterschiede, zum* ***Gegensatze****, zu. Erst auf die SPITZe des Widerspruchs getrieben, werden die Mannigfaltigkeiten regsam und lebendig gegeneinander - erhalten sie die Negativität, welche* ***die inwohnende Pulsation der Selbstbewegung und Lebendigkeit ist****"* (LENIN 1973, S. 133). Mithin ist die von BUBER bestimmte 'Präformiertheit der Begegnung im Menschen' im Konzept der Selbstbewegung, als zentraler dialektischer Begriff von Welt, begründet, und ist im Kontext der Fundierung des Prinzips der Bewegung in dem Konzept der Totalität gleichsam aufgehoben.

Das Werden des Ich am Du, grundgelegt durch die im Menschen 'präformierte Begegnungsfähigkeit', erklärt sich also aus der 'Verschiedenheit der Einzelnen, die im Selbstunterschied des Ganzen ist' (vgl. HOLZ 1988, S. 40). Dieser Zusammenhang entspricht dem von LENIN angeführten Harmoniebegriff bei HEGEL. LENIN zitiert diesen Begriff aus HEGELs 'Vorlesung zur Geschichte der Philosophie' wie folgt: *"Diese Harmonie ist eben das absolute Werden, Verändern, - nicht Anderswerden, jetzt dieses und dann ein Anderes. Das Wesentliche ist, daß jedes Verschiedene, Besondere verschieden ist von einem Andern, aber nicht abstrakt irgendeinem Andern, sondern* ***seinem*** *Anderen; jedes ist nur, insofern sein Anderes an sich in seinem Begriffe enthalten ist"* (LENIN 1973, S. 249). LENIN fügt dieser Bestimmung des Begriffs der Harmonie von HEGEL folgende Anmerkung hinzu: *"Sehr richtig und wichtig: Das 'Andere' als* ***sein*** *Anderes, Entwicklung zu* ***seinem*** *Gegensatz"* (ebd. S. 249). Diese HEGELsche Bestimmung des Harmoniebegriffes als auch die angeführten

Aspekte der Konstruktion der Dialektik als System und Methode zeigt den Bezugsrahmen auf innerhalb dessen eine naturphilosophische Herleitung des dialogischen Prinzips von BUBER zu leisten wäre. In der HEGELschen Bestimmung der Harmonie ist dabei das Prinzip der 'bestimmten Negation' enthalten, als auch die in der Theorie der Selbstorganisation des Universums beschriebene Richtung der Evolution, als wesentliches Moment der Dynamik der Selbstorganisation, im Sinne des von PRIGOGINE angeführten 'Zeitpfeiles' (vgl. PRIGOGINE 1988). Es gilt also in der naturphilosophischen Herleitung den dialektischen Zusammenhang von Mensch und Natur zum zentralen Gegenstand der Betrachtung zu machen. Das bedeutet, daß die von BUBER formulierte 'präfomierte Begegnungsfähigkeit' und das 'eingeborene Du' als 'äußere Beziehungsfähigkeit' vor dem Hintergrund der ontologischen Grundlegung der materiellen Einheit der Welt, die als Vielheit existiert, d.h. dem Konzept der Welt als Ganzem, in dem jedes Einzelne sowohl in Beziehung steht zu allen anderen Einzelnen als auch durch sie bedingt ist, zu spiegeln ist. Von diesem Bezugsrahmen aus ist also das Werden des Ich am Du als eine Begründung des Einzelnen in seiner Vermittlung mit allen anderen im Sinne einer vermittelten Unmittelbarkeit zu überprüfen.

Innerhalb der naturphilosophisch Historisierung des Werdens des Du am Ich ist der Begriff Natur in diesem Zusammenhang als komplementärer Gegenbegriff zum Begriff der Menschheitsgeschichte zu begreifen, und beide Begriffe sind unter dem allgemeinsten Begriff Welt bzw. Universum zu fassen (vgl. HOLLITSCHER 1991, S. 13-24). Wenngleich die Natur- und Menschheitsgeschichte zwei durchaus zusammenhängende Begriffe sind, so sind dennoch die Natur- und Menschheitsgeschichte innerhalb des Weltgeschehens zu differenzieren. Sie stellen zwei unterschiedliche wissenschaftliche Disziplinen dar, wobei die Wissenschaft von der Welt und die Welt bzw. das Universum eine materielle entwicklungsgeschichtliche Einheit bilden. Diese Einheit ist aber dadurch gekennzeichnet, daß sie bei allen theoretischen Übergängen von naturgegebenen zu geschichtsbedingten Ereignissen Widersprüche und Gegensätzlichkeiten aufweist, die eine Differenzierung im o. g. Sinne fordert.

Die naturphilosophische Historisierung des Prozesses des Werdens des Ich am Du könnte vor dem Hintergrund der sich im Gefolge der Ablösung der NEWTONschen Mechanik durch die Entwicklung der relativstischen Physik (EINSTEIN) und der Quantenmechanik (HEISENBERG) herausgebildeten Paradigma der Theorie der Selbstorganisation vollzogen werden. Die Entwicklung der Theorie der Selbstorganisation erklärt sich aus der Notwendigkeit, daß mit den Erkenntnissen über Raum, Zeit und Kausalität nicht alle Phänomene angemessen erfaßt werden können, die sich im Rahmen des Weltgeschehens ereignen. Der Gegenstand der Theorie der Selbstorganisation umfaßt in diesem Sinne die materielle Einheit der Welt, d.h. die Phänomene der ganzen materiellen Welt, innerhalb derer sich dynamische, nichtlineare, räumlich-zeitliche Strukturbildungsprozesse ereignen, die in physikalischen, chemischen, biologischen und sozialen sich selbst organisierenden Systemen wiederzufinden sind. Innerhalb der Komplexität der Einheit der materiellen Welt versucht also die Theorie der Selbstorganisation in den nichtlinearen, rückgekoppelten Wechselwirkungsprozessen Gesetzmäßigkeiten zu erkennen, die dem Prozeß von räumlich-zeitlichen Strukturbildungen, d.h. der Entwicklung von 'Ordnung' aus relativ ungeordneten Zuständen, zugrunde liegen. Naturphilosophisch spiegelt sich die dialektische Dimension der Theorie der Selbstorganisation in dem Buchtitel von PRIGOGINE 'Vom Sein zum Werden' wider. In dem Prozeß vom Sein zum Werden geht es also darum, Gesetzmäßigkeiten zu erkennen, d.h. *"die Widerspiegelung des Wesentlichen in der Bewegung des Universums"* (LENIN 1973, S. 142). Dabei ist für LENIN der Begriff des Gesetzes eine *"der Stufen der Erkenntnis der Einheit und des Zusammenhangs, der wechselseitigen Abhängigkeit und der Totalität des Weltprozesses durch den Menschen"* (ebd. S. 141).

Für den Prozeß der naturphilosophischen Historisierung des BUBERschen Werdens des Ich am Du gilt es demnach vor dem Hintergrund der Prinzipien der Selbstorganisation die Frage nach dem Verhältnis dieser Aussage zum Allgemeinem zu beantworten. Dies schließt die Klärung dessen mit ein, ob in der Formulierung BUBERS, 'der Mensch wird am Du zum Ich', eine 'Wiederspiegelung des Wesentlichen in der Bewegung des Universums' erkennbar ist, die eine Projektion des dialogischen Seinsprinzips auf die Paradigma der Theorie der Selbstorganisation im Sinne der dialektischen Dimension von Sein zum Werden erlaubt. Eine umfassende Darstellung der naturphilosophischen Historisierung des dialogischen Seinsprinzips, die zugleich eine Erläuterung der Grundgedanken der Prinzipien der Selbstorganisation umfaßt ist aber nicht das Anliegen dieser Ausführungen. Entsprechen wird in diesem Zusammenhang auf FEUSER/JANTZEN verwiesen (FEUSER/JANTZEN 1992), die bezogen auf die LEONTJEWschen Kategorie Sinn, die wie o.a. in einem inhaltlichen Kontext mit der BUBERschen Ich-Du Kategorie steht, eine naturphilosophische Erläuterung dieses Begriffes erarbeitet haben.

Zusammenfassend ist BUBERS dialogische Philosophie, unter Berücksichtigung der Interpretation seines Werkes vor dem Hintergrund der materialistischen Dialektik für die materialistische Behindertenpädagogik als ein fundamentaler Beitrag zur Grundlegung eines Menschenbildes zu bewerten, das maßgeblich die pädagogisch/therapeutischen Haltungen und Handlungen bestimmt. Zugleich verdeutlicht BUBER mit der dialogischen Seinsbestimmung des Menschen den für sowohl den pädagogischen als auch therapeutisch Prozeß unabdingbaren Zusammenhang des Werdens im Sein eines Menschen. Mithin ist vor dem Hintergrund des dialogischen Prinzips im Dialogischen gleichsam der Weg und das Ziel für Pädagogik und Therapie grundgelegt.

5 LITERATUR

BARTELS, J./HOLZ, H.H./LENSINK, J./PÄTZHOLD, D. (Hg.): Dialektik als offenes System. Historische-systematische Untersuchungen zu Widerspiegelung - Wahrheit - Widerspruch. Köln: Pahl-Rugenstein 1986

BUBER, M.: Hinweise. Gesammelte Essays, 1900-1953. Zürich: Manesse Verlag 1953

- ders.: Das Reinmenschliche. In: Hinweise, S. 211-220
- ders.: Zu BERGSONs Begriff der Intuition. In: Hinweise, S. 220-229
- ders.: Was ist zu tun? In: Hinweise, S. 290-294
- ders.: Volk und Führer. In: Hinweise, S. 294-313
- ders.: Hoffnung für diese Stunde. In: Hinweise, S. 313-327
- ders.: Geltung und Grenze des politischen Prinzips. In: Hinweise, S. 330-346
- ders.: Schuld und Schuldgefühle. Heidelberg: Verlag Lambert Schneider 1958
- ders.: Werke Band 1. Heidelberg: Verlag Lambert Schneider 1962
- ders.: Daniel. In: Werke Band 1, S. 9-77
- ders.: Gottesfinsternis. Betrachtung zur Beziehung zwischen Religion und Philosophie. In: Werke Band 1, S. 503-605
- ders.: Aus einer philosophischen Rechenschaft. In: Werke Band 1, S. 1109-1123
- ders.: Antwort. In: SCHLIPP/FRIEDMAN (Hg.): Martin BUBER. Stuttgart: Kohlhammer, 1963, S. 589-638
- ders.: Nachlese. Heidelberg: Verlag Lambert Schneider 1965
- ders.: Gemeinschaft und Umwelt. In: Nachlese, S. 82-86
- ders.: Von der Verseelung der Welt. In: Nachlese, S. 146-158
- ders.: Das Unbewußte. In: Nachlese, S. 158-189
- ders.: Politik aus dem Glauben. In: Nachlese, S. 190-198
- ders.: Urdistanz und Beziehung. Heidelberg: Verlag Lambert Schneider 1978, 4. Aufl.
- ders.: Das Problem des Menschen. Heidelberg: Verlag Lambert Schneider 1982, 5. Aufl.
- ders.: Zum Problem »Politik und Moral«. In: MENDES-FLOHR, P.R. (Hg.): Martin BUBER, ein Land und zwei Völker. Frankfurt/M 1983, S. 225-231
- ders.: Das dialogische Prinzip. Heidelberg: Verlag Lambert Schneider 1984, 5. Aufl.
- ders.: Ich und Du. In: Das dialogische Prinzip, S. 7-139
- ders.: Zwiesprache. In: Das dialogische Prinzip, S. 139-199
- ders.: Die Frage an den Einzelnen. In: Das dialogische Prinzip, S. 199-271
- ders.: Elemente des Zwischenmenschlichen. In: Das dialogische Prinzip, S. 271-299
- ders.: Zur Geschichte des dialogischen Prinzips. In: Das dialogische Prinzip, S. 299-321
- ders.: Reden über Erziehung. Heidelberg: Verlag Lambert Schneider 1986[(a)], 7. Aufl.
- ders.: Über Charaktererziehung. In: Reden über Erziehung, S. 65-91
- ders.: Begegnung. Autobiographische Fragmente. Heidelberg: Verlag Lambert Schneider 1986[(b)], 4. Aufl.

- ders.: Bilder von Gut und Böse. Heidelberg: Verlag Lambert Schneider 1986(c), 4. Aufl.

FEUSER, G./JANTZEN, W.: Die Entstehung des Sinns in der Weltgeschichte (im Manuskript). Bremen 1992

GERNER, G.: Martin BUBER. Pädagogische Interpretationen zu seinem Werk. München: Ehrenwirth Verlag 1974

HOLLITSCHER, W.: Vorlesungen zur Dialektik der Natur. Marburg: Verlag Arbeit & Gesellschaft GmbH, 1991

HOLZ, H.H.: Konstruktion der Dialektik als System und Methode. In: BARTELS/ HOLZ/LENSINK/ PÄTZHOLD (Hg.): Dialektik als offenes System. Köln: Pahl-Rugenstein 1986, S. 16-22

- ders.: Bewegung - Veränderung - Fortschritt. In: HOLZ/LAPIN/SANDKÜHLER (Hg.): Analen der internationalen Gesellschaft für dialektische Philosophie Societas Hegeliana V 1988. Die Dialektik und die Wissenschaften - Philosophische Fragen moderner Entwicklungskonzeptionen. Köln: Pahl-Rugenstein 1988, S. 31-49

HOLZ, H.H./LAPIN, N.I./SANDKÜHLER, H.J. (Hg.): Analen der internationalen Gesellschaft für dialektische Philosophie Societas Hegeliana V 1988. Die Dialektik und die Wissenschaften - Philosophische Fragen moderner Entwicklungskonzeptionen. Köln: Pahl-Rugenstein 1988

JANTSCH, E.: Die Selbstorganisation des Universums. München: Deutscher Taschenbuch Verlag, 1986, 3. Aufl.

JANTZEN, W.: Allgemeine Behindertenpädagogik Bd. I: Sozialwissenschaftliche und psychologische Grundlagen. Weinheim: Beltz 1987

- ders.: Allgemeine Behindertenpädagogik Bd. II: Neurowissenschaftliche Grundlagen, Diagnostik, Pädagogik und Therapie. Weinheim: Beltz 1990a

- ders.: Mensch. In: SANDKÜHLER, H. J. (Hg.): Europäische Enzyklopädie zu Philosophie und Wissenschaften. Hamburg: Meiner 1990b, Bd. III, S. 336-358

- ders.: Psychologischer Materialismus, Tätigkeitstheorie, Marxistische Anthropologie. Berlin: Argument 1991

KLAFKI, W.: Dialogik und Dialektik in der gegenwärtigen Erziehungswissenschaft. In: GERNER, B. (Hg.): Martin BUBER, pädagogische Interpretationen zu seinem Werk. München: Ehrenwirth Verlag 1974, S. 74-98

LENIN, W.I.: Werke Bd. 38. Berlin 1973

LEONTJEW, A. N.: Tätigkeit, Bewußtsein, Persönlichkeit. Köln: Pahl-Rugenstein 1982

- ders.: Der allgemeine Tätigkeitsbegriff. In: LEONTJEW, A. A. /LEONTJEW, A. N. /JUDIN, E. G. (Hg.): Grundform einer Theorie der sprachlichen Tätigkeit. Stuttgart: Kohlhammer 1984, S. 13-31

MARX, K. /ENGELS F.: MEW. Bd. 1, 3, 40. Berlin: Dietz, versch. Jahrg.

MENDES-FLOHR, P.R. (Hg.): Martin BUBER. Ein Land und zwei Völker. Zur jüdisch-arabischen Frage. Franfurt/-M.: Insel Verlag 1983

PRIGOGINE, I.: Vom Sein zum Werden. München/Zürich: Piper 1988, 5. Aufl.

ROTENSTREICH, N.: Gründe und Grenzen von Martin BUBERs dialogischen Denken. In: SCHLIPP/FRIEDMAN (Hg.): Martin BUBER. Stuttgart: Kohlhammer 1963, S. 87-119

SCHLIPP, P. A. /FRIEDMAN, M. (Hg.): Martin BUBER. Stuttgart: Kohlhammer 1963

SÉVE, L.: Marxismus und die Theorie der Persönlichkeit. Frankfurt/M.: Verlag Marxistischer Blätter 1983, 4. Aufl.

WEHR, G.: Martin BUBER. Hamburg: Reinbeck rororo 1968

EUGEN ROSENSTOCK-HUESSY - MARTIN BUBER
(*Übersetzung ANDREAS MÖCKEL*)

V ZEIT UND GESCHICHTLICHKEIT DER MENSCHEN(1)

EUGEN ROSENSTOCK-HUESSY: Die wirkliche Kluft oder der Unterschied zwischen BUBERs und meiner Art des Denkens (way of thinking) ist unser Herangehen (approach) an die Geschichtlichkeit des Menschen.

Für mich ergibt jedes gesprochene Wort nur dann Sinn, wenn es das geistige Zusammenwirken (coexistence) von drei oder mehr Generationen des Menschen bezeugt. Sprechen heißt nach rückwärts vor die eigene Geburt leben und vorwärts über den eigenen Tod hinaus.

Benannt werden, setzt in eine Zeitfolge von mindestens zwei epochalen und endgültigen Brüchen ein: der Tod der Person, die mich benannt hat und mein eigener Tod, die Lebensbahn (career) eines Namens, der dazu bestimmt ist, jede physische Zerstörung zu überstehen.

Mehraltrig (pluri-aged) ist mein Denken; einaltrig (single-aged) ist das BUBERs. Diese Unterscheidung findet sich auch (this also happens to be the

---

(1) ROME, SYDNEY und BEATRICE (Ed.): Interrogations of MARTIN BUBER, JOHN WILD, JEAN WAHL, BRAND BLANSHARD, PAUL WEISS, CHARLES HARTSHORNE, PAUL TILLICH, (Harper & Row) New York and Evanston 1970. This book was orginaly published in 1964 by Holt, Rinehardt and Winston.

In diesem Band sind sieben Interrogationen von Philosophen gesammelt (Anfragen von anderen Wissenschaftlern an bestimmte Philosophen und deren Antworten = Rechenschaften). Die Einleitung in den gesamten Band haben die Herausgeber verfaßt (S. 3-11). Die Interrogation of MARTIN BUBER. Conducted by MAURICE S. FRIEDMAN." FRIEDMAN hat auch die Einleitung geschrieben (S. 16-16). Die Rechenschaftslegung ist in sieben Kapitel unterteilt:

1. The Philosophy of Dialogue, II. Theorie of Konwledge, III. Education, IV. Social Pholosophy, V. Philosophy of Religion. VI. The Bible and Biblical Judaism, VII. Evil. Die sieben Kapitel sind in Abschnitte unterteilt. Das erste Kapitel in sieben: A. Philosophy in General, B. Ontology, C. Human Life, D. Time and Historicity of Man, E. Philosophical Anthropology, F. I-Thou Relation with Nature, G. I.-Thou an I-It. Zu jedem Abschnitt sind schon im Inhaltsverzeichnis die Namen derer genannt, die Fragen gestellt oder Bemerkungen gemacht haben.

EUGEN ROSENSTOCK-HUESSYs Bemerkung und MARTIN BUBERs Antwort bilden zusammen den ganzen Inhalt von Abschnitt D: "Time and Historicity of Man". (S. 31-35) Einige der Unterredner sind mehrfach mit Beiträgen in Erscheinung getreten, andere nur einmal (so auch EUGEN ROSENSTOCK-HUESSY). Wenn ich in dieser Übersetzung eckige Klammern < > setze, stehen sie im Orginal, runde Klammern ( ) bezeichnen meine Einschübe, meistens englische Wendungen oder Begriffe.

distinction) zwischen Sozialismus <mit seiner bis heute liberalen, i.e., einaltrigen Konzeption sozialer Ordnung> und Kommunismus <mit seinem religionsähnlichen mehraltrigen Herangehen an die Reproduktion der sozialen Ordnung und in der sozialen Ordnung>.

BUBER sieht genau so wie ich diese Unterscheidungslinie zwischen den beiden Herangehensweisen. Mir scheint kein Individuum und keine individuelle Generation fähig zu sein, eine geschichtliche Erfahrung zu machen. Der individuelle Mensch kann nicht mehr tun, als die Erfahrung seiner fünf Sinne begreifen. Sinn, common sense, ist nicht die Verkleidung demokratischen Aberglaubens, das heißt die identische Perzeption von fünfzig oder tausend Individuen zu gleichen Zeit. Er ist die Kraft einer Dynastie von - mindestens drei oder vier - Generationen, ihre Energien um ein und dieselbe Erfahrung herum zu vereinigen und ein und dieselbe Erfahrung zu machen. Zum Beispiel, die Verfassung der Vereinigten Staaten ist ein Werkzeug zur Einverleibung (incorporation), mit dem die Nation vollständig dazu befähigt wird, bestimmte Erfahrungen im Inneren über hundertfünfzig Jahre hin zu registrieren! In außenpolitischen Angelegenheiten haben die Vereinigten Staaen kein solches "Rückgrat" zur Einverleibung geschafffen; daher sind die Vereinigten Staaten unfähig, auf diesem Gebiet einen common sense zu entwickeln: Sie sind außer Stande, Erfahrungen in der Geschichte zu machen: Siehe den Ruin der Weltkrieg I "Erfahrungen". Die vielen Erfahrungen sind niemals Erfahrung der Vereinigten Staaten geworden!

Diese Verschiedenheit des Herangehens liegt hinter allen anderen Punkten gegenüber Martin BUBER. Zum Beispiel, Ich <I> und Du <Thou> (im Orginal "Ich" und "Du" an dieser Stelle deutsch) sind für mich fiktive Abkürzungen für die wirklich reale, mehraltrige, benannte "eingebürgerte" ("nationalized") und in ihr Zeitalter eingebundene (century-bound) Person. Für mich sind Pronomina Verkürzungen (omissions). Für BUBER reichen sie aus. Wenn Sie in mein "Zurück in das Wagnis der Sprache" sehen, können Sie einen ausführlichen Nachweis für meine These finden, daß es Pronomina weder hier noch dort gibt. Sie sind Herr Friedman und Maurice Friedman lange bevor Sie ein Ich oder ein Du sind. Dies wird heute nicht anerkannt. Der Liberalismus und der Humanismus haben die Zusammenhänge von Namen, Nomina und Pronomina verkehrt. BUBER hatte keinen Grund, diese hundertjährige (centennial) Tradition zu bekämpfen(2). Folglich wurden seine Entdeckung von Ich und Du nicht als

(2) In einer Mitteilung an den Herausgeber des gesamten Bandes, der fragte, was mit "hundertjährig" ("centennial") gemeint sei, erläuterte ROSENSTOCK-HUESSY, daß er (Fortsetzung...)

vernichtender Angriff auf die humanistisch und naturalistische Tradition vom Menschen als einem "natürlichen Wesen" ("naturally himself") angesehen. Für mich ist das Nonsens.

Für mich ist die Zeit unteilbar dreifaltig eine (indivisibly) three in one): Zukunft, Vergangenheit und, ihre Überwindung <as their victor>, Gegenwart sind nur zusammen gegeben. Sie sind trinitarische, prismatische Aspekte von einem und dem gleichen Ganzen: Zeit. Zeit ist dem wirklichen Menschen <nicht der Abstraktion, die "Physiker" ("physicist") genaant wird> als eine dreifache gegeben: (1) die Zeit, in der ich mich selbst entfalte: (2) die Zeiten, welche meinem Bewußtsein vorausgegagen sind; (3) die Zeiten, welche nach meinem Tod folgen werden. BUBER, auf der anderen Seite, akzeptiert das Phänomen Zeit in seiner Reduktion auf eine unartikulierte, logisch unhaltbare Gegenwart.

Folglich unterscheidet sich unsere Grundlage der Sprache (speech) fundamental. Ich bin zu mindest dreidimensional in der Zeit; er ist bestenfalls eindimensional, aber in Wahrheit nicht-dimensional.

* * *

MARTIN BUBER: Im zentralen Teil der Formulierung seiner Fragen hinsichtlich der Geschichtlichkeit des Menschen und der Zeitgenossenschaft der Generationen gibt ROSENSTOCK-HUESSY eine schlagende Darstellung des Unterschiedes zwischen dem, was für ihn beim Menschen wichtig ist und was für mich wichtig ist. In dem letzten Satz, wo er von den Pronomina und von den "Dimensionen" spricht, spitzt er seine Kritik noch mehr zu und verliert hierbei bei den Boden unter den Füßen.

Die historische Natur des Menschen ist der Aspekt der Realität, über den wir grundsätzlich und nachdrücklich in der Epoche des Denkens, die mit Hegel beginnt und mit Heidegger endet, informiert worden sind. Ich erkenne das große

(2)(...Fortsetzung)
damit eine naiv atomistische und egozentrische bis zu Hitler andauernde hundertjährige akademische Tradition anzweifele (Challenging). "I" and "Thou" paßt zu BUBER, darauf besteht er, denn *Buber* erweitert, ändert jedoch nicht die Blickrichtungen (views) der akademischen Agnostiker, die in der unbezweifelten griechischen Tradition verharren. ROSENSTOCK-HUSSEY erklärt: "*Meine ganze Herangehensweise ist das Gegenteil von der Bubers. Ich erweitere die akademischen Prämissen nicht; ich widersprechen ihnen. Offensichtlich scheint das absurd.*" Erst hundert Jahre später, fügt er hinzu, mag es klar werden, warum ein solch frontaler Angriff nicht vermieden werden konnte.

Verdienst ROSENSTOCK-HUESSYs an, daß er diese Lehre in einer lebendigen Art wie kein anderer Denker vor ihm konkretisiert hat: das Aufmerksammachen darauf, daß die Generationen miteinander in einer Zeitgenossenschaft leben - ein Hinweis, bei dem mich besonders freut, daß ich ihn vor mehr als drei Jahrzehnten, als ich begann, die Zeitschrift "Die Kreatur" herauszugeben, dazu einladen konnte, diesen Gedanken im Druck erscheinen zu lassen. Um die Aufmerksamkeit auf diese eine Seite zu lenken, gerade in ihrer Konkretheit, gar und ist er mir willkommen; aber wenn er ihn übertreibt als die bedeutendste und entscheidende Realität des Menschen, dann bin ich gezwungen, ihn als jemand anzusehen, der nicht weniger irregeleitet wie die ganze Lehre unserer Epoche - der Epoche, die uns einen Kelch gereicht hat, den wir bis zur Hefe getrunken haben.

Gewiß ist der Mensch ein "geschichtliches" Wesen, das, ganz sicher, bei der Beschreibung eines Patagoniers etwas anderes meint als bei der eines Chinesen oder gar eines Amerikaners. Gewiß sind Gedächtnis und Verheißung in der Sprache verschmolzen, und beide dehnen sich unermeßlich hinter Geburt und Tod des Sprechers aus. Aber sogar hier im Reich der Sprache, können wir bemerken, daß wir mit der Wahrnehmung des "Historischen" noch weit davon entfernt sind, befriedigend nahe an die Realität des Menschen herangekommen zu sein, daß wir tätsächlich hierbei noch überhaupt keinen auch nur flüchtigen Blick auf die kennzeichnendste Tatsache geworfen haben, auf das offene Geheimnis der Person. In dem aktuellen gesprochenen Wort ist das ewig neue Ereignis nicht das Gesagte, sondern das Sagen: und das Sagen steht in der Gegenwart, die persönliche Gegenwart, die sich zur gegebenen Zeit durch das rein erweckte Wort vertreten lassen muß.

Wenn ich "Person" sage, verweise ich auf das Unableitbare. Wo wir ausgestattet sind mit einem vollkommenen Wissen können wir doch die wesentliche Beschaffenheit (essential constitution) einer einzelnen Person nicht erklären. Ich brauche die Tatsache nicht zu verhehlen, daß ich mit dem Wort "wesentliche Beschaffenheit"auf die Geschöpflichkeit der Person verweise, auf die Tatsache der Tatsachen, die nach der jüdischen Tradition eingekleidet worden ist in die Aussage, daß drei am Ursprung jedes Menschenkindes wirken: Vater, Mutter und Gott; die gleiche Tatsache wird für mich verkündet von jedem neugeborenen Kind, zu dessen Wiege ich trete, durch seine Gesichtszüge, Gesten, Laute, die es noch nie gegeben hat. Und, Gott sei Dank, ich bin auch da, als Vater, als Großvater, als Urgroßvater oder vielleicht nur als Gast, der immer tiefer über das Mysterium staunt. Menschliche Existenz, sogar die schweigsamste, ist Sprechen: und sprechen ist immer adressiert, sei es ein intentionales oder nicht intentionales, direktes oder indirektes, sei es beim

Gehenlernen und kraftvollen Sich-Durchsetzen, sei es beim Saugen und Tasten, beim Vorrücken auf unbekannten Wegen. Was dich anspricht, nicht im Gesagten, sondern im Sagen, ist die unableitbare Person, die jetzt lebende neue Kreatur. Die Person wird bekannt in der Ich-Du Relation.

Gewiß, die Personalpronomina sind weder hier noch dort; sie stehen nur für die Relation, die auf anderem Wege nicht ausgedrückt werden kann. ROSENSTOCK-HUESSYs Ansicht, beeinflußt von der grammatischen Lehre, daß sie für einen Namen oder sogar für einen Eigennamen stehen, scheint mir ein Fehler mit ernsten Konsequenzen. Ob ich sage "Eugen hat eine 'Soziologie' geschrieben, in der dieses und dieses angesprochen wird" oder "Du, Eugen, was hast Du ins Gedächtnis rufen wollen, als du so-und-so in Deiner 'Soziologie' geschrieben hast?" - das ist die vitale Unterscheidung. Das Pronomen "Er" steht in der Tat für einen Namen, das Pronomen "Du" ("Thou") nur im Falle des ersten "Du" ("you") im letzten Satz.

Und um auf das Generationsthema zurückzukommen, jedoch nur noch beiläufig: Abgesehen von seiner Hochschätzung der Eigennamen - welche ich einfach als ein enentbehrliches und unbefriedigendes Symbol der persönlichen Einmaligkeit ansehe - folgt für ROSENSTOCK-HUESSY der sozusagen biographische Ausgleich von zwei Toden: der Tod dessen der mir den Namen gegeben hat und mein eigener. Das ist eine alttestamentliche Art des Denkens, der ich mich nicht anschließen kann; sie ist auf jeden Fall, schon in den Evangelien aufgegeben, wo die Verleihung des Namens nicht mehr länger von Gott geschieht oder vom Volk, sondern von der Person. Seither hat noch vieles andere sich gewandelt. Aber ich selbst stehe in tiefen Widerspruch zu ihm, der auf diese Weise nach jemandes eigenem Tod als Legitimation die Erinnerung an den Tod des Mannes setzt, der ihm den Namen gegeben hat <der zum Beispiel der Direktor eines Waisenhauses gewesen sein könnte>; nach meinem Tode ist kein weiterer Platz für andere neben dem Menschen (man), mit dem ich das ursprüngliche Du meines Lebens gewechselt habe.

Mein Denken ist nicht "einaltrig". Aber mein Glaube ist es. Ich glaube an die Stunde, an das Leben von Individuen und an das Leben der menschlichen Rasse, wo das Historische aufbricht und die Gegenwart sich selbst offenbart. Ich glaube an diese Stunde, denn ich kenne sie.

Ich weiß, daß sie die Menschen einander öffnet und Gemeinschaft zwischen ihnen errichtet. Dieses meinen Glauben, folglich meine Erfahrung des Glaubens, dieses Wissen vom Glauben und diese Hoffnung des Glaubens nennst Du "einaltrigen Sozialismus" und ausgesucht als Gegensatz dazu einen Kommunismus, dessen Vorgehensweise nicht nur mehraltrig, sondern sogar religionsähnlich ist.

Denkst Du dabei an die geschichtlichen Manifestationen unserer Zeit unter dem Banner, auf das dieser Begriff, massiv wie noch zu keiner anderen Zeit, geschrieben ist, an diese Bewegung, welche oft als religionsähnlich beschrieben worden ist? Auf jeden Fall, laß ein letztes gesagt sein: Mein innerstes Herz ist in der Tat mit jenen <in der nächsten oder entfernten Zukunft>, die, in Verzweiflung getrieben durch die Pseudorealisation dieses religionsähnlichen Weltprogramms und durch den planetarischen Machtzentralismus, der sehr wahrscheinlich alles verkehren wird, mit ihrer letzten Kraft die einaltrige und all-altrige (all-aged) Gegenwart (present) aufrufen werden, die Anwesenheit (presence) zwischen Menschen.

* * *